Intersezioni

523.

I lettori che desiderano informarsi
sui libri e sull'insieme delle attività della
Società editrice il Mulino
possono consultare il sito Internet:

www.mulino.it

Gustavo Zagrebelsky

Mai più senza maestri

il Mulino

ISBN 978-88-15-28078-7

Redazione e produzione: Edimill srl - www.edimill.it

Indice

Atto di contrizione p. 9

I. Maestri 17

Alto 17
Via i maestri! 17
Immagini 20
Magister 24
Minister 27
Maestri in ogni e in nessun luogo 29
Maestri civili 36

II. Dilemmi e incertezze 41

Didàskaloi 41
Istruire o educare 48
Critica e dogmatica 54
Gerusalemme e Atene 55
Il dubbio 62
Nausea del conoscere 66
Conoscere, comprendere e giustificare 70
Comprendere, conoscere, giustificare 78
Tre tipi di insegnamento 85
Alternative e responsabilità 92

III. Maestri e discepoli 103

Exousìa 103
Anima politica 106
Con quale autorità? 109

Come si formano e si sformano i maestri… p. 111
…e gli allievi 119
Confidenza e intimità 123
Antidoto 128

IV. Tempi difficili 137

Oggi 137
Democrazia senza valore 141
Il banchetto dei più 146
Riscoprire maestri 148
Vedere nuove le cose 149

Atto di contrizione

Agli «intellettuali» si chiede di pentirsi. I «maestri» che pretendono addirittura di insegnare sarebbero gli intellettuali più colpevoli di tutti gli altri.

Il dileggio non è di oggi. Nel dialogo che ha per oggetto la conoscenza, il *Teeteto*, Socrate riferisce «ciò che si racconta di Talete»:

> Mentre studiava le stelle e guardava in alto, cadde in un pozzo; onde una servetta di Tracia, arguta e graziosa, lo motteggiò, a quanto si narra, perché si desse gran cura di conoscere le cose celesti, ma di quelle che gli stavan sotto gli occhi e dinanzi ai piedi non s'avvedesse per nulla [...] Quando un uomo simile si trovi in privato o in pubblico a contatto con altri... e sia costretto in tribunale o altrove a discorrere delle cose che gli stanno innanzi ai piedi e sotto gli occhi, suscita il riso non solo delle servette di Tracia, ma di tutta la gente, cadendo per la sua inesperienza nei pozzi e in perplessità d'ogni sorta; e la sua incredibile goffaggine gli procura la reputazione d'un inetto (173 a-b).

Questa semplice piccola storia, commentata in molti modi, seriosi e seri[1], è entrata a far parte della nostra cultura e anche del nostro senso comune. Aristofane andava incontro alle risate facili del pubblico quando metteva il filosofo per eccellenza, Socrate, nel suo pensatoio sospeso in una cesta tra cielo e terra:

> Non sapevi che esse [le nuvole] sono dee e non le onoravi [...] Tu non sai che esse nutrono fior di sapienti: indovini, dottoroni, cappelloni scioperati con i loro anelli e le unghie ben curate, straziacanti di cori ciclici, ciurmadori di fenomeni celesti. Esse nutrono questi scioperati fannulloni [...] In cambio di questa roba trangugiano fette di grossi muggini squisiti e volatili carni di tordi (*Nuvole*, vv. 329-339).

C'è del vero. Perfino uno dei più intellettualistici tra i filosofi classici, Platone, avvertì l'esistenza di un limite etico in chi sa solo produrre parole. Spiegando la ragione dei suoi viaggi a Siracusa presso il tiranno Dionisio, sorprendentemente ammette: «Salpai da Atene, non per la ragione che alcuni credevano, ma perché mi vergognavo assai di poter apparire di fronte a me stesso come un uomo capace solo di parole e che mai mette mano di sua volontà ad alcuna opera» (*Lettera VII*, 328).

In seguito, il tema è diventato centrale nella riflessione filosofica, nei termini del rapporto tra teoria e prassi, pensiero e azione, universale e particolare, e ha investito la legittimità del puro pensiero, del pensiero che pensa sé stesso, si arrovella su di sé e pretende validità indipendentemente dal suo rapporto con «la vita». Che cosa viene «prima»: l'azione o il pensiero? Il pensiero è la guida efficace dell'azione giusta? Secondo una tradizione che si può far risalire a Socrate, l'azione giusta presuppone la conoscenza della giustizia e l'azione ingiusta dipende dall'ignoranza. Ma un'altra tradizione, testimoniata forse in Esodo (24, 7), mette in primo piano l'azione: sorprendentemente si dice che gli Ebrei, ricevendo la legge da Mosè, dicono, prima: «noi faremo» e, poi: «ascolteremo». Qui la conoscenza per mezzo dell'ascolto della «parola» si svolge *ex post*, come comprensione dell'esperienza che si è fatta attraverso l'azione.

Forse si vuol dire che non c'è vera conoscenza se non si fa esperienza e che, anzi, l'esperienza deve precedere la conoscenza. Forse (forse, forse, forse...) questo è anche il significato della riflessione sull'inizio del Vangelo di Giovanni, che Goethe attribuisce a Faust, in presenza del demonio che sta nel cagnolino (*Faust*, 1224-1237):

> Sta scritto: «In principio era la *parola*!»
> Qui già m'impunto. Chi mi aiuta a
> [proseguire?
> No, porre così in alto la parola
> non posso. Devo tradurre in altro modo,
> se mi dà lo spirito la giusta ispirazione.
> Sta scritto: In principio era il *pensiero*.
> Medita bene la prima riga, la tua penna non
> [abbia troppa fretta!

È il il pensiero che foggia e crea ogni cosa?
Dovrebbe essere: In principio era la *forza*!
Eppure mentre lo sto scrivendo,
già qualcosa mi avverte che non me ne
[accontento.
Lo spirito mi aiuta! Di colpo vedo chiaro
E scrivo fiducioso: In principio era l'*atto*.

Non mancano i tentativi di connettere teoria e prassi, pensiero e azione, in una dimensione esistenziale in cui il dover essere, cui guarda il puro pensiero, si nutre dell'essere, dove si svolge l'azione, e viceversa. È il pragmatismo: imparare dai propri errori, ma anche dai propri successi. Esistono, però, anche epoche in cui la priorità si è data al pensiero e l'azione si è considerata figlia del pensiero, le «epoche intellettualistiche». Oggi, siamo in una «epoca attivistica» e antintellettualistica. Le cose si fanno perché «sono possibili» fattualmente e non perché siano giuste e ragionevoli; ciò che è tecnicamente possibile diventa eticamente lecito. Il fatto compiuto non ammette replica e al pensiero si riconosce, al massimo, un compito razionalizzante e normalizzante. L'equilibrio si è spostato decisamente da questa parte dove, nel negare l'autonomia dell'intelletto, l'irrazionalismo s'incontra con la forza schiacciante dell'elaborazione dei «dati». All'autonoma ragione progettante e dirigente, al cosiddetto «costruttivismo» che per secoli ha prodotto ideologie e programmi, non si crede più. Anzi, il pensiero, se ancora ne residua qualcosa, si concentra nel dimostrare la propria impotenza sulle azioni e, quindi, la sua inutilità, a meno che non si metta al servizio della verità-realtà che esercita la sua dittatura.

Vincono i «tecnici» (i «meccanici», come li chiamò Alessandro Manzoni) e gli «intellettuali» sono vittime. Li si guarda con diffidenza e, talora, con disprezzo. Sono freddi, sentenziosi e ciarlieri, fastidiosi e presuntuosi, moralisti e arroganti, elitari e antipopolari, timorosi delle novità e per lo più conservatori e, al dunque, inutili, superflui e forse nocivi. Poiché si dedicano ai loro studi e vi si perdono, non sanno che cosa sia la fraternità con gli umili. In più, è facile identificarli con i vecchi diffidenti che sono d'ostacolo alla gioventù impetuosa che, invece, insegue il rischio e afferra «la fortuna». Così è il consiglio che Machiavelli dà agli uomini intraprendenti (*Il Principe*, cap. XXVI):

> Io iudico bene questo, che sia meglio essere impetuoso che respettivo, perché la fortuna è donna; ed è necessario, volendola tenere sotto, batterla et urtarla. E si vede che la si lascia più vincere da questi, che da quelli che freddamente procedano. E però sempre, come donna, è amica dei giovani, perché sono meno respettivi, più feroci, e con più audacia la comandano.

Queste sono generalizzazioni che, tuttavia, hanno un nocciolo di verità. «Gli intellettuali», soprattutto quelli che con l'avanzare dell'età diventano progressivamente sospettosi e pessimisti, prudenti all'eccesso e conservatori, devono tenerne conto.

Tuttavia, a conferma della perdurante rilevanza della funzione intellettuale nelle nostre società, a dissolvere le incertezze e a convalidare le coscienze, stanno le persecuzioni di cui il libero pensiero è vittima: persecuzioni fisiche e morali, fino a quella più insidiosa che consiste nella riduzione al silenzio semplicemente attraverso la cortina d'invisibilità con la quale lo si avvolge costringendolo alla clandestinità. Queste sono le prove meno contestabili della rilevanza degli intelletti nelle vicende della vita. Le idee ch'essi alimentano possono diventare anch'esse «fatti compiuti».

Le persecuzioni suscitano riconoscenza: riconoscenza nei confronti non solo delle vittime, ma anche, paradossalmente, addirittura nei confronti dei persecutori. Essi sono testimoni a favore. Nel campo dello spirito, la persecuzione si ritorce contro i persecutori.

Note

[1] G. Lolli, *Il riso di Talete*, Torino, Bollati Boringhieri, 1988; H. Blumenberg, *Il riso della donna di Tracia. Una preistoria della teoria*, Bologna, Il Mulino, 1988.

I.

Maestri

TRATTI DELLA PROFESSIONALITÀ DEL DOCENTE
[* TRATT. DI PEDAG. GENERALE]

Alto

«Alti su di me» s'intitola un libro ricco in sagacia, finezza, umanità e cultura che tratta di maestri, scritto da chi maestro è a sua volta[1]: «Un grande amico che sorga alto su me / e tutto porti me nella sua luce / che largo rida ove io sorrida appena / e forte ami ove io accenni a invaghirmi» (Vittorio Sereni, *Il grande amico*). In queste poche ariose parole potrebbe stare tutto l'essenziale di una bella definizione di ciò che andiamo cercando.

Via i maestri!

Già da questa citazione si capisce che stiamo per trattare di una forza trascinante che sfida la mediocrità della vita rassegnata e fiaccata dalla *routine* quotidiana. «Alto» esiste solo in presenza di «basso». Implica il dislivello. Sulla terra piatta non c'è né alto né basso. Nel linguaggio metaforico, in alto sta sempre chi, per qualche ragione, è riconosciuto superiore. Al contrario, chi sta in basso. Dio s'eleva «nell'alto dei cieli» e Lucifero sprofonda nel centro della terra.

La società che avesse abolito la differenza tra alto e basso non saprebbe che farsene, dei maestri. Anzi, li odierebbe come nemici e li metterebbe a tacere, privandoli della parola o, direttamente, togliendoli di mezzo, come s'è detto dei profeti d'Israele. Il lamento di Gesù di Nazareth: «Gerusalemme, che uccidi i tuoi profeti» (Mt 23, 37; Lc 19, 31-35) ha il valore di una denuncia universale. Nel mito della caverna (Platone, *Repubblica*, 517) chi, essendosi liberato dalle catene che lo bloccano con la faccia contro il muro ed essendo uscito alla vista delle cose alla luce del sole, ritorna dai suoi compagni di sventura per raccontare, sarebbe messo a morte senz'altro.

«Jamais plus de maîtres» si leggeva su un murale alla Sorbona, nel maggio 1968. Era un motto antiautoritario ed egualitario che andava largamente oltre il suo scopo perché l'appiattimento regna non dove c'è libertà, ma dove c'è conformismo. Quella poteva essere un'espressione dell'inconsapevole idiozia di massa o di qualche utopia negativa come quella prefigurata da un folle quale Šigalëv, uno dei *Demoni*, come quella tentata negli anni Sessanta dello scorso secolo dalla «rivoluzione culturale» di Mao Zedong o come quella del dittatore cambogiano Pol Pot che perseguitava chi conoscesse lingue straniere o portasse gli occhiali, segni di distinzione intellettuale dei nemici del popolo. La società perfetta modellata secondo perfetta uguaglianza non tollera alcuna differenza sociale, culturale, estetica, emotiva, artistica. I corpi, gli intelletti, gli ingegni, i sentimenti e perfino le sensazioni fisiche devono essere tutti uguali. La perfetta uguaglianza che non ammette disuguaglianze di sorta porta alla perfetta schiavitù.

A quel tempo, la perfetta uguaglianza e la perfetta schiavitù avrebbero postulato il dispotismo. Oggi, forse non occorre: se guardiamo le società «evolute» del nostro tempo, possiamo scorgere la tendenza diffusa a desiderare o essere indotti a desiderare la propria omologazione nella massa, omogenea nelle sue aspirazioni materiali, ugualizzata senza costrizione apparente. Nella sua delirante utopia, Šigalëv profetizzava così:

tutti saranno schiavi, e nella schiavitù saranno uguali. Nei casi estremi ci sarà la calunnia e l'omicidio, ma l'essenziale sarà l'uguaglianza. Come prima cosa si abbasserà il livello dell'istruzione, delle scienze e degli ingegni. Un alto livello delle scienze e degli ingegni è accessibile solo alle capacità superiori. Gli uomini di capacità superiori si sono sempre impadroniti del potere e sono stati dei despoti... non possono non essere dei despoti e hanno sempre pervertito più che non abbiano giovato; essi vengono scacciati o giustiziati. A Cicerone si taglia la lingua, a Copernico si bucano gli occhi, Shakespeare viene lapidato: ecco lo Šigalëvismo![2]

Immagini

Sul maestro e sul rapporto con l'allievo si è detto e scritto molto, perfino troppo: banalità, luoghi comuni, sentimentalismi, voli pindarici, aforismi, metafore. Il tema invoglia. I luoghi privilegiati sono i necrologi, i discorsi commemorativi, le lezioni inaugurali, le prefazioni, gli scritti in onore, i ringraziamenti in occasioni ufficiali: tutti momenti in cui la retorica facilmente prende il sopravvento e infastidisce chi preferisce la sobrietà. Ma come si può fare a meno di immagini quando si vuole dire qualcosa a proposito di concetti come è quello che iniziamo a discutere, un concetto che riguarda materie impalpabili?

L'immagine dell'alto è la sommità, la vetta appuntita che, simbolicamente, per tutti in Europa e non solo per gli alpinisti, è la freccia del Cervino, il Matterhorn, la guglia di roccia e ghiaccio che si erge imperiosa e allettante dai molli prati della valle di Zermatt. La montagna che si protende verso l'alto unisce la tentazione della liberazione dalla bassura della vita alla minaccia del precipizio incombente. Essa promette la vista inebriante che si allarga e abbraccia distanze e spazi altrimenti sconosciuti, ma – ne parleremo – sottintende il pericolo di finire nel buio d'una voragine. Il maestro è colui che, stando più avanti e più in alto nella salita, trae a sé; è la guida da cui dipende l'ascesa, ma dal cui passo falso può anche dipendere la rovina. Il magistero è un regno ambiguo e pericoloso in cui la conquista dell'ascensione è appesantita dalla fatica ed è insidiata dalla facilità della caduta. Non è una passeggiata e il maestro e i discepoli non sono turisti. Può entusiasmare, ma anche affliggere e perfino uccidere: il maestro, uccidere i discepoli; i discepoli, il maestro. Contrariamente a ciò che ingenuamente scrivevano i ragazzi del '68, il magistero non è necessariamente oppressione, ma può essere un aspetto della liberazione e, come la libertà, è al tempo stesso seducente e pericoloso.

L'immagine della vetta-meta è tuttavia incompleta e, dunque, da questo punto di vista è falsa. Il magistero si rivolge allo spirito e lo spirito, a differenza dei passi che seguono un percorso materiale, non ha confini. La vetta non si raggiunge mai, perché non c'è; è sempre un'anticima. Il maestro pensa che ci sia sempre da compiere un passo del pensiero e dello spirito in più, cui i discepoli sono invitati a partecipare. Il suo motto è «ne pas réussir». Così diceva il pedagogo Émile-Auguste Chartier (noto con lo pseudonimo Alain), intendendo mettere in guardia contro il «succès» che illude si sia raggiunto il punto finale e, quindi, che ci si possa riposare sui propri allori. Il maestro sa che i suoi allievi andranno oltre e forse contro di lui, oscurando la sua fama. Non avrà a dolersene, anzi ne sarà ripagato e, come Zarathustra, li inciterà a non fermarsi e a compiere questa sorta di parricidio spirituale, per quanto amara possa esserne l'esperienza.

Il maestro è solo quello che «è più avanti» provvisoriamente, non quello che è stabilmente più su e, tanto meno, quello che è arrivato in cima e può guardare dall'alto in basso tutti gli altri. Si tratta di un cammino, nel senso di Hans G. Gadamer[3], un cammino per sentieri accidentati e non segnati, «che costringono il viandante a salire verso l'inesplorato o a ritornare sui suoi passi».

Un modo di rappresentare questo rapporto è la splendida immagine delle orme, che Lucrezio impiega nel *Prologo* del terzo libro del *De rerum natura*, per indicare il legame con Epicuro, suo riconosciuto maestro:

> O tu, che in mezzo a tenebre così profonde potesti levare una luce tanto fulgida, illuminando le gioie della vita, per primo seguo te, o gloria del popolo greco, e nelle orme da te tracciate ora pongo ben salde le impronte dei miei piedi, non tanto perché io voglia gareggiare con te, quanto perché desidero imitarti per amore. Come potrebbe infatti contendere la rondine coi cigni? O come potrebbero mai i capretti dalle zampe malferme emulare nella corsa l'impeto di un forte cavallo?

Questa immagine potrebbe essere avvicinata, per coglierne le differenze, con quella che usa Virgilio in rapporto con Stazio (*Purg.* XXII, 67-69): «Facesti come quel che va di notte, Che porta il lume retro e sé non giova, Ma dopo sé fa le persone dotte». Essa dice che maestro e discepolo sono impegnati sulla stessa strada verso la meta comune; che le orme del maestro aprono la strada al discepolo; che il loro rapporto è tra chi sta indietro e avanti. Non dice, peraltro, che chi in un primo momento segue non possa sopravanzare il maestro affaticato afferrandogli il lume e fare egli stesso da battistrada. Nemmeno dice che il discepolo non possa prendere un'altra, autonoma strada, quando cieca gli appaia quella tracciata dalle orme che stava seguendo, cosicché colui che prima era maestro non debba poi, a sua volta, correggere la rotta, trasformandosi in discepolo del suo discepolo.

Prenderei invece le distanze dalla molto più diffusa immagine del nano sulle spalle del gigante, sul quale esiste un saggio del sociologo Robert K. Merton[4]. I suoi sottintesi non sempre sono accettabili. Innanzitutto, la conoscenza come accumulazione, laddove spesso essa è, manifestamente, almeno nelle scienze umane, una correzione, una ritrattazione e un ricominciare da capo con diversi paradigmi; inoltre, l'argomento *ex auctoritate*, che essa implicitamente evoca, autorizzando chi si siede sul gigante che in quel momento sembra più grande, ad alzar la voce e a zittire quella degli altri; infine, la giustificazione di atteggiamenti culturali sterilmente chiusi in sé stessi. Ciascuno è autorizzato ad avere il proprio gigante di riferimento e tra giganti è difficile che non vi sia lotta e che vi sia invece confronto e cooperazione. Insomma: mi pare un'idea arrogante, molto diversa da quella delle orme che segnano cammini che possono incontrarsi, intrecciarsi, separarsi, riunirsi. Soprattutto, l'immagine dei giganti evoca l'idea di una sorta di orgogliosa «scalata al cielo» che alla fine provoca solo risse e macerie, come nel racconto della torre di Babele, mentre la più mite immagine delle orme suggerisce l'idea del districarsi tra le difficoltà quotidiane per cercare la via d'uscita da quel labirinto che è l'umana esistenza.

Magister

Qualche nota etimologica può aiutarci a uscire dall'approssimazione dell'immagine che abbiamo usato. Le parole non mentono e le loro radici spesso mostrano cose che l'uso annebbia; permettono accostamenti, apparentamenti, differenziazioni, congetture e talora sospetti. La banalizzazione, più del fraintendimento che può essere facilmente rettificato, è il pericolo maggiore che esse corrono. È subdola ed è difficile da smascherare.

La filogenesi delle parole non è solo storia di parole. La filologia prende spunto dalle parole per parlare dei parlanti. La radice d'una parola spesso è preziosa non solo per quel che dice della sua archeologia: questo interessa la linguistica e la storia delle culture. È preziosa perché è rivelatrice non solo del punto di partenza, ma anche del punto d'arrivo, quello in cui ci troviamo, noi che usiamo quella tale parola. Ci mostra le storie di cui siamo figli, le credenze e le incrostazioni che nel tempo sono venute a depositarsi sulle parole, alle quali spesso inconsapevolmente diamo credito e, una volta svelate, ci fanno dire: guarda come siamo diventati diversi all'ombra d'una stessa espressione, non me lo sarei aspettato. Poiché l'uso produce incrostazioni, il ricorso alla radice è una chiarificazione e una purificazione.

Magister (con i derivati: maestro, mastro, master, *maître*) è generato da *magnus* e da *magis*, dalla radice *magh*, comune nelle lingue indoeuropee. Indica qualcosa di grande in tutti i sensi della parola: magno, magnifico, mago, maggio (il mese di Maia, la dea dell'abbondanza, della crescita, della fertilità della terra, della «grande madre terra» e anche il mese di Maria di Nazareth, nientemeno che la «madre di Dio») ecc. *Ter* (magis-*ter*) allude a sua volta a un confronto o a un'opposizione, in ogni caso a un rapporto tra due entità: *alter* (altro tra due); *neuter* (né l'uno né l'altro), alterare, alterno, alterco, altrui, altrove, adulterato, fino ad adulterio (*ad alterum*) ecc.

Dunque il *magister* è uno che è «più grande»; uno o qualcosa, come la storia nell'espressione *historia magistra vitae*, che non significa soltanto che si può o si deve imparare qualcosa dalle *historiae*, ma anche e soprattutto che il passato ha una sua forza attuale, vive e condiziona ciascuno di noi e ciascuna generazione. «Più grande», tuttavia, non significa «grandissimo». L'albero di maestro è l'albero più alto del trinchetto e del bompresso. Il maestrale o vento di maestro è il vento che segna da nord-ovest la rotta fondamentale nel Mediterraneo, rispetto al quale tutti gli altri prendono le misure. Via maestra diciamo la strada principale, preferibile rispetto a tutte le possibili varianti. La «masterizzazione» è il procedimento di duplicazione di una matrice originaria che è il termine di paragone, il procedimento di creazione o duplicazione dell'*alter*. La parola indica, dunque, un concetto relativo, non assoluto (l'assoluto si esprimerebbe non con *magh*, ma con *max*).

Non c'è *magis* senza *minus*, dunque senza una gerarchia lungo la quale scorre quella cosa misteriosa che chiamiamo «magistero» e che ogni società considera tanto delicata e importante, quanto benefica ma anche pericolosa. Vedremo negli svolgimenti che seguiranno quanto questa semplice annotazione sia gravida di significati importanti, a incominciare dal rigetto dell'idea falsamente «democratica» e ingenua che tra il maestro e l'allievo ci possa essere un rapporto paritario, da amico ad amico.

Minister

Ancora per un momento approfittiamo dell'etimologia, attingendo dalla radice di maestro che parla di qualcosa di grande, anzi «più grande», e contrapponiamola a quella di ministro (con i suoi derivati: amministrazione, ministero, mestiere ecc.). Qui la radice contiene il *minus*, qualcosa di minore, di «più piccolo» rispetto al *magister*. Anche ministro è parola relativa che indica una funzione subordinata come quella del *diàkonos*, al servizio di chi sta più in alto, il *magister*. Nel linguaggio dell'ecclesiologia cristiana si è conservato il significato originario: il ministro di Dio e il suo ministero sono, per l'appunto, espressione di un servizio affidato da Cristo agli Apostoli e da questi trasmesso ai vescovi, loro successori che hanno ricevuto una «ordinazione», ai quali è indirizzato il monito: «non fatevi chiamare maestro (*kategetés*)» (Mt 23, 10).

Nella nostra lingua della politica disastrata c'è stata un'inversione: il ministro si considera colui che detta legge e crede di avere gli altri al proprio servizio. Il maestro, particolarmente il maestro della scuola elementare, è confinato in una condizione economica e sociale che stride manifestamente con la dignità della parola che lo designa e con la professione che esercita, una «professione che dovrebbe essere situata al più alto grado della scala sociale»[5]. Invece, i ministri, per esempio quelli addetti all'istruzione pubblica, spesso si gonfiano di orgoglio quando, per qualche caso della vita, hanno raggiunto un posto dal quale possano dettar legge passando di riforma in riforma, pensando di disporre di un potere originario e autosufficiente, cioè di bastare a sé stessi, di aver raggiunto un culmine, un massimo. Si stupirebbero assai se qualcuno dicesse loro che, per essere propriamente ministri, dovrebbero riconoscere di essere sotto, non sopra. Si stupirebbero se qualcuno dicesse: studiate e poi diteci chi sono coloro che riconoscete come vostre guide, perché solo allora noi potremmo riconoscervi come ministri di qualcosa.

Inconsciamente, talora essi avvertono questa necessità e rendono omaggio a chi sta più in alto di loro. Nei loro discorsi ricorrono allora alla citazione della «bella frase» di qualche grande nome. Se ne impossessano, talora ridicolmente, per stupire salendo sulle spalle di giganti come, per esempio, Nelson Mandela, John Kennedy, Hannah Arendt, Norberto Bobbio, o un papa a scelta tra i più popolari.

Questo è un vezzo patetico. Maggiore la vuotaggine, più frequenti le citazioni alate. Sulle loro ali si crede di volare dal *minus* al *magis*, cioè di farsi maestri a spese di chi talora maestro è stato davvero. In fondo, c'è qui pur sempre un omaggio tributato a chi si riconosce come più grande di noi. Ma non necessariamente è così. Se prevalgono il desiderio d'essere accettato come «uno di voi» e il timore d'apparire altezzosi, il «maestro» più carezzato e lisciato è il senso comune, il linguaggio volgare, il dileggio invece della riflessione, la frase fatta, lo stucchevole gioco di parole. Questi ministri si compiacciono esibendo mediocrità e volgarità che né a sé (ci sono i consulenti della comunicazione) né agli altri richiedono impegno. Šigalëv si rallegrerebbe molto.

Maestri in ogni e in nessun luogo

Iniziando a riflettere sul nostro tema e guardando intorno, in un primo tempo m'era sembrato di dovermi accostare a una figura ridicolmente anacronistica. In questo nostro tempo, dove sono i maestri e chi nella vita quotidiana userebbe questa parola senza almeno una punta d'ironia, se non anche di dileggio? La letteratura è ricca di ritratti di maestri, precettori, educatori, pedagoghi, quasi tutte figure di frustrati, sventurati e tristi ma, al tempo stesso, boriosi e quindi ridicoli, vanitosi e pedanti, simili a quel vero campione della categoria che risponde al nome di Pangloss che insegnava la «metafisica-teologica-cosmologica scempiologia» e sapeva «dimostrare in modo ammirevole che non c'è effetto senza causa».

Oggi, al posto dei maestri, ci sono gli *influencers*, quelli e quelle che dettano e assecondano a milioni le inclinazioni di massa e le mode attraverso strumenti di persuasione potenti e capillari. Chi, poi, ha voglia d'informarsi su una cosa qualsiasi si rivolge al *web* dove si trova di tutto, tutto ugualmente attendibile o inattendibile a seconda delle convenienze e conformemente alle proprie convinzioni preconcette. Ciò che internet «sa», fino ai *big data*, contiene infinitamente più di ciò che un singolo cervello umano o una singola coscienza può immaginare, sperare di padroneggiare e, tanto meno, pretendere di insegnare. Ma, quando tutto o troppo è somministrato indifferenziatamente sullo stesso piano, allora non ci sono più maestri.

Invece, se poco poco ci guardiamo intorno, i maestri sorgono dall'ombra in gran numero. Siamo circondati. Ce ne sono d'ogni genere.

In molte lingue europee troviamo parole della medesima radice (inglese *master*, francese *maître*, castigliano *maestro*, portoghese *mestre*, rumeno *maestru*, polacco *mistrz*, russo магистр) e, talora, con inflessioni particolari e con slittamenti più o meno evidenti di senso nei diversi ambiti dell'organizzazione sociale: *master* come «comandante»; *maître* come «padrone» e *maîtresse* come padrona-tenutaria di quelle che in altri tempi si chiavano case di piacere; *maestro* come autorità morale; *mastro* come persona di rispetto del genere di mastro Don Gesualdo o di mastro Titta, il leggendario boia del Papa che nel 1864 terminò il suo lavoro dopo mezzo migliaio di onorevoli esecuzioni capitali; *maestro* in una qualunque attività che richiede qualche dote pratico-organizzativa, come il *maître d'hotel*. Maestro si dice dell'artista cui sono riconosciuti meriti particolari nel campo musicale, cinematografico, letterario, teatrale ecc. In America Latina non ci vuole molto per essere apostrofato come maestro ed entrare nella *maestría*, se si possiede un facile titolo accademico: i maestri abbondano. *Masterclass* è l'esperienza che piccoli gruppi di musicisti in erba fanno con artisti famosi che si prestano a rivelare i loro segreti. Nella società culinaria del nostro tempo, dove il cibo è un'arte e il cibarsi un rito, è comparso il *masterchef*, oggetto d'ammirazione, di alte quotazioni e d'imitazione.

Più alti, dunque maestri, si può essere in molti campi e in molti sensi, in tutti i casi d'iniziazione in una certa sfera di conoscenze, competenze, arti e abilità che non appartengono all'uomo comune, quando vi sia chi è disposto a riconoscere l'esistenza di un dislivello in cui può esercitarsi il magistero. Un'eccezione è quella dell'uomo di sola azione. Anche quando l'azione ha successo, egli non è un maestro. Il maestro non si misura dall'azione fortunata o fortunosa, ma dalle ragioni del successo. Il magistero inizia quando l'azione s'illumina di un principio, di un'arte, di una scienza, di una filosofia capaci di assumere valore generale e astratto, cioè di distaccarsi dal mero fare concreto e di assurgere ad atto spirituale diffusivo di sé. Il maestro e il discepolo stanno in questo spazio irreale, tra la fisica e la metafisica.

Non c'è bisogno di doti e prestigio largamente riconosciuti quando maestro si diventa per certificazione di un concorso burocratico o di una carriera. Il *maître de conférence* è semplicemente, prima di diventare *agrégé*, un professore di primo livello, paragonabile al nostro «associato». Il *maître* nel campo giuridico, in Francia e Belgio, tradizionalmente è il notaio o il titolare di un avviato *bureau* di avvocati abilitati a patrocinare presso la Cour de cassation, o perfino l'*huissier*, il nostro ufficiale giudiziario. Nel mondo universitario non c'è conferenza che non sia *lectio magistralis*. Il titolo che si consegue al termine del ciclo lungo di studi universitari si chiama, chissà perché, laurea magistrale. E non c'è oggi laureato di belle speranze che non si dia come obbiettivo di essere «masterizzato» in uno dei tanti *masters* che proliferano dappertutto.

Normalmente, però, il maestro non è una figura burocratica. È, invece una figura sociale. Oppure, talora, può essere l'una cosa e l'altra, come quando ci riferiamo a certe care figure di maestri e maestre dei nostri primi anni di scuola. Questi sono i maestri per eccellenza, che non hanno bisogno di specificazione, cui si accolla un compito e una responsabilità pressoché illimitati nella formazione delle giovani generazioni.

I maestri proliferano in campi e luoghi specifici come nelle società iniziatiche, nelle sette e nelle consorterie che affiliano presunti ottimati, massonerie e ordini cavallereschi, dove troviamo gerarchie che culminano in maestri, gran maestri e in maestri venerabili. Le religioni sono terreni fertili di «maestri», così come le parareligioni del sapere esoterico, delle esperienze sapienziali ispirate, della misteriosofia, e di quelle che si accomunano generalmente sotto la dizione di *new age*. Ci sono i «maestri» dell'interpretazione biblica e della mistica ebraica, e i «maestri» del Corano. Nel campo cristiano, dopo i «padri» e i «dottori» della Chiesa, si sono fatti spazio i «biblisti», che non sono propriamente maestri, ma piuttosto filologi. Non vi dovremmo trovare maestri perché di «Maestro» ce n'è (stato) uno solo e, semmai, è la Chiesa stessa, con il suo «magistero» istituzionalizzato, che si è posta storicamente, oltre che come *mater* anche come *magistra*. Chi diffonde la parola cristiana non è «maestro», ma «ministro». Per il resto, basta scorrere il catalogo di qualche casa editrice specializzata in «spiritualità» per trovare guru, rushi, pandit, iniziati d'ogni tipo, «illuminati» buddisti, induisti, zen, yoga, sciamani, sufi, guide «del cammino interiore», «del risveglio», «della verità ultima» ecc. Questi maestri, ciarlatani talora ma veri mistici talaltra, indicano strade che portano lontano, propongono il distacco o la fuga dal mondo.

In più, si deve considerare che le figure magistrali sono specchio delle società e del loro tempo e, mutando i tempi, cadono in discredito o ne nascono di nuove. In altre epoche esistevano i maestri d'ascia, i maestri orafi, i maestri di bottega, i maestri di cappella. *Meister* richiama le corti principesche dove i musicisti erano domestici specializzati in musica (i *Kappelmeister*, compositori e direttori musicali). I *Meistersinger* wagneriani richiamano i tempi delle gilde e delle congreghe medievali: tutti «maestri» di tempi trascorsi. Chi si lascerebbe oggi definire impunemente «maestro di cerimonia», espressione che fa pensare ai formalismi settecenteschi che nascondono assenza di sostanza, anche se oggi esistono i *wedding counselors* (e domani, forse, i *funeral counselors*); oppure *maître d'armes*, una figura di società di cicisbei e salamelecchi; oppure, ancora – espressione che oggi, non ieri, suona pretenziosa, gonfia e fasulla – *maître à penser*, allo stesso modo di «maestro di vita», una figura oggi insidiata vittoriosamente da coloro che «fanno tendenza» sui «social» con migliaia o milioni di *followers*, figure odierne dei *guru* che indicano la strada a coloro che cercano un senso della vita o, semplicemente, uno stile o una moda. Siamo in presenza d'una vera inflazione, caratteristica di un mondo in cui sembra necessario gonfiarsi, anche se d'aria vana, da un lato; dall'altro, affidarsi a qualche esperto che ci assicuri di fare bella figura in società. C'è una carta di credito che si chiama «maestro» e maestro è colui che la possiede; non c'è corso di studi o istituzione culturale che nascano senza fregiarsi del titolo di «alto» o «superiore» o «di eccellenza». Non c'è nessuno che tolleri d'essere «normale». Di fronte a una tale inflazione, all'ironia che giustifica e ai rischi che comporta, si comprende la richiesta che viene proprio da parte di chi più meriterebbe l'omaggio della parola, se fosse presa sul serio: «non chiamatemi maestro!».

Finiamo questa rassegna con il *master of puppets*, il burattinaio, il quale ci avverte d'uno dei rischi che si corrono quando s'incontra un «maestro». Con questa osservazione, ci introduciamo su un terreno difficile e scivoloso, ove troviamo figure diversissime, dai liberatori di coscienze agli ammaestratori (nel senso degli animali ammaestrati), dai promotori di impegno civile ai fautori di disimpegno, dai sostenitori delle virtù di vita pubblica a quelli della vita nascosta o della fuga dal mondo. Le differenze sono infinite, onde sembra che non si possa parlare con qualche costrutto di maestri in generale e che non si possa prescindere dalla necessità di precisare e scegliere, mettendo questa figura in rapporto con ciò che da essa ci attendiamo.

Maestri civili

La varietà è grande. Dappertutto troviamo quell'idea iniziale che abbiamo descritto con l'immagine di alto e basso. Ma che cosa contenga questo rapporto non si presta a considerazioni che valgano ugualmente in questa varietà. Noi qui pensiamo alla parola nel senso di maestro di virtù civili nelle odierne società che aspirano alla libertà. In questo ambito troviamo i nomi, per esempio, di Luigi Meneghello, per il romanzo *Piccoli maestri* (1964), a proposito di Antonio Giuriolo e d'una formazione politica di giovani al tempo della Resistenza; di Norberto Bobbio per *Italia civile* (1964) e *Maestri e compagni* (1984), a proposito di Croce, Silvio Trentin, Salvemini, Capograssi, Calogero, Calamandrei, Capitini, Eugenio Colorni, Leone Ginzburg, Mondolfo, Augusto Monti; di Alessandro Galante Garrone per *I miei maggiori* (1984); di Filippo La Porta in *Maestri irregolari* (2007), a proposito di Nicola Chiaromonte, George Orwell, Simone Weil, Albert Camus, Ignazio Silone, Arthur Koestler, Carlo Levi, Hannah Arendt; di Corrado Stajano in *Maestri e infedeli* (2008), a proposito di uomini d'azione e di pensiero, come Carlo Emilio Gadda e Claudio Magris.

Non c'è bisogno di sottolineare che tutti questi nomi appartengono, sia pure variamente ed esemplarmente, a un medesimo modo di concepire l'attività intellettuale come alimento della vita sociale e politica, come interrogazione fondamentale sul senso della convivenza degli esseri umani, come capacità di rivoltare il senso comune delle cose e di scuotere la *routine* che ci avvolge. Non si tratta di un'ideologia, tanto meno di una ideologia politica, ma piuttosto di una comune inclinazione dello spirito nel senso della libertà. Con un'espressione che sembra così tanto anacronistica, si può dire «virtù civili» o «impegno civile»[6]. Questa è la nostra materia, ed è qui che, guardandoci attorno, pur vedendoci circondati da «maestri» d'ogni tipo, avvertiamo penuria, in un tempo dominato da inclinazioni di segno opposto, verso l'omologazione, la discriminazione e l'intolleranza. Il momento è critico per questo genere di maestri. Il saggio di Furio Jesi, *Cultura di destra*[7] offre un ventaglio di rappresentazioni filosofiche e antropologiche che, consapevolmente o inconsapevolmente, accompagnano il dilagare nel senso comune di «virtù» che si possono definire «incivili» o, se la parola non fa scandalo, tribali.

Note

[1] G.L. Beccaria, *Alti su di me*, Torino, Einaudi, 2013.

[2] F. Dostoevskij, *I Demoni*, Torino, Einaudi, 1993, p. 389.

[3] H.G. Gadamer, *Maestri e compagni nel cammino del pensiero*, Brescia, Queriniana, 1980.

[4] R.K. Merton, *Sulle spalle dei giganti*, Bologna, Il Mulino, 1991.

[5] N. Ginzburg, *Pagate i maestri come i ministri*, in «Corriere della sera», 1° ottobre 1976, su cui N. La Fauci, *«Maestro» e «ministro»*, in «Doppiozero», 26 settembre 2016.

[6] Nel senso di N. Bobbio, *Etica e politica. Scritti di impegno civile*, Milano, Mondadori, 2009.

[7] F. Jesi, *Cultura di destra*, Milano, Garzanti, 1979; ora Roma, Nottetempo, 2011.

II.

Dilemmi e incertezze

Didàskaloi

Da dove nasce il bisogno della cultura? La funzione culturale è una funzione di durata. Nasce dall'aspirazione di sopravvivenza oltre i limiti delle vite biologiche e dalla fiducia che ciò sia possibile. Se gli esseri umani accettassero l'idea che con la morte tutto finisce, perché non c'è futuro o si disperassero del futuro, non ci sarebbe spazio per la cultura. Cultura e coltura hanno la stessa radice, comune alla voce del verbo *còlere*. Come c'è, per esempio, l'agri-cultura, così si potrebbe dire socio-cultura. Nell'una – la coltura – l'ambiente è la terra; nell'altra – la cultura – quel terreno di vita comune che è la società. Si può «coltivare» sé stessi, ma ciò ha a che fare con il perfezionamento personale, non certo con la cultura come fenomeno sociale. Fino a quando non si istituisce un rapporto con altri, non si crea un ambiente di relazioni, non c'è cultura e nemmeno ce n'è bisogno.

La cultura è come una linfa spirituale che, in quanto affrancata dai corpi, sopravvive alla loro decomposizione e si trasferisce ad altri viventi, destinati a loro volta a ritrasferirla ulteriormente di generazione in generazione. In certo senso, è un antidoto spirituale alla finitezza della vita biologica ed è un esorcismo contro l'angoscia della morte e del vuoto. Spiritualmente, possiamo sopravvivere se coltiviamo qualcosa di noi che conferiamo ai più giovani, in una dimensione indipendente dal corpo, anche se il nostro volto, la nostra voce, le nostre fattezze saranno presto dimenticati. Come i tratti somatici si trasmettono geneticamente, così i tratti spirituali si cerca di trasmettere culturalmente. La cultura presuppone fiducia nel futuro e muore quando si dispera di futuro.

Oltre che spirituale, la dimensione della cultura è anche sociale. Ha bisogno di trasmissione e la trasmissione presuppone l'esistenza di legami di appartenenza a medesime cerchie vitali che si proiettano nel tempo. Il luogo minimo e privilegiato di appartenenza, da che mondo è mondo, è quello dei legami sentimentali e di sangue che si istituzionalizzano nella famiglia, quali che di essa ne siano le configurazioni storico-concrete. Lì si coltivano le tradizioni, il culto dei progenitori e le speranze riposte nei figli e nipoti fino alla terza e quarta generazione. Ma la stessa cosa, anche più importante e molto più problematica, vale anche per le società più vaste, quelle che si vorrebbe che fossero «famiglie in grande». Anch'esse non potrebbero sopravvivere al volgere di generazioni slegate l'una dall'altra.

Vivendo gli esseri umani non isolati, ma in società, e tendendo a sperare che la vita possa non esaurirsi con la fine della propria esistenza, ma possa prolungarsi nella discendenza, l'edificazione di un *ethos* comune e la sua trasmissione sono due funzioni essenziali di qualsiasi comunità umana non votata alla rapida decomposizione e all'estinzione. Per questo, in ogni società, antica o moderna, primitiva o evoluta, assillata o affrancata dalla pressione delle minacce naturali, povera o prospera, esiste una «funzione culturale». Essa si occupa della formazione e della trasmissione delle conoscenze, delle esperienze e dei valori che fanno sì che dalla somma di individui scaturisca una unità durevole tra soggetti presenti e futuri, che si possano riconoscere senza che necessariamente si debbano conoscere.

La concezione trifunzionale della società – che troviamo già nella filosofia antica, che nel Medioevo è stata concepita in termini teologici trinitari e che, di recente, Georges Dumézil ed Émile Benveniste hanno individuato come forma propria delle società indoeuropee – assegna alla cultura un posto costitutivo di importanza pari a quella delle funzioni governative ed economiche. Una qualche organizzazione della cultura è sempre presente: «una qualche» si deve dire, perché le modalità di tale organizzazione sono varie e storicamente mutevoli, tanto almeno quanto lo sono le forme del governo e dell'economia.

Le tre funzioni sociali sono, ovviamente, connesse tra di loro: non esiste società senza integrazione e sostegno reciproco. I loro rapporti, tuttavia, sono storicamente variabili e, a seconda della prevalenza, si susseguono epoche che si possono definire politiche, economiche e culturali. Le società libere, al contrario, tentano di stabilire un equilibrio, un difficile equilibrio, attraverso garanzie di reciproca autonomia. La figura del *didàskalos* non è sempre la stessa, perché muta a seconda delle prevalenze o degli equilibri. Nelle società a prevalenza politica gli si richiede di forgiare culture funzionali al dominio e all'ubbidienza; in quelle economiche, di promuovere culture favorevoli all'organizzazione dell'economia, quale che essa sia, e alla soggezione alle sue leggi; in quelle culturali, di elaborare e diffondere dottrine efficaci nello spiegare il mondo secondo valori mitici, tradizionali, religiosi e ideologici, oppure di promuovere la conoscenza scientifica delle sue leggi naturali, e – così facendo – di imbibire di sé l'*ethos* pubblico. Le società totalitarie sono quelle in cui un fattore domina, assorbe e strumentalizza gli altri: abitualmente si pensa al totalitarismo nella sua declinazione politica, anche a causa delle esperienze del secolo scorso: ma esiste anche un totalitarismo economico, ideologico e tecnico-scientifico. Le società non totalitarie, che possiamo chiamare libere, sono quelle senza dominanza nelle quali – per restare nel nostro argomento – al maestro è riconosciuta la libertà di pensiero, di coscienza e d'insegnamento. Nelle società totalitarie, il maestro è in realtà un ministro, un burocrate o un prezzolato.

Gli istitutori, i professori, gli educatori, nel corso della storia, hanno assunto gli aspetti più diversi. La loro funzione, nei tempi antichi, fu prerogativa di caste sacerdotali, dispensatrici del «sacro», l'elemento spirituale che teneva insieme le società ed era sottratto alla discussione del e tra il popolo. Agostino d'Ippona (*De civitate Dei*, libri 8-12) denomina questa funzione integratrice «religio civilis» che si richiama alla trilogia – *religio mythica*, *naturalis* e *civilis* – di Marco Terenzio Varrone, l'erudito autore delle *Antiquitates* andate perdute e note attraverso citazioni d'altri scrittori. Qualunque gruppo sociale ha bisogno d'un cemento ideale che può essere costituito da ricordi ed esperienze elaborati in comune, da miti e filosofie efficaci e anche da elementi di religiosità che assicurano la protezione divina. I potenti, a loro volta, sono interessati al sigillo religioso per legittimare il loro potere nella *civitas*. Mosè sale sul monte Sinai avvolto dalle nuvole per poi scendere con le tavole della legge e ai Leviti assegna il compito di garantire la fedeltà al patto con Dio che, nei millenni, terrà insieme il popolo ebraico a dispetto delle persecuzioni e della diaspora che lo ha sparpagliato sulla terra.

Ai sacerdoti spettava formare, alimentare, proteggere quelle credenze destinate a confluire nella fede (verticale) che creava il legame di comune appartenenza (orizzontale) alla medesima compagine sociale. I popoli, per millenni, hanno avuto il loro dio e questo dio, se e in quanto unico e universale, era «geloso», cioè non ammetteva concorrenza, doveva difendersi dagli dèi altrui, anzi doveva combatterli per impedire le contaminazioni che avrebbero distrutto il legame sociale. La Bibbia ebraica è ricca d'esempi di questa coincidenza tra dio unico e unità di popolo. Lo stesso vale con riguardo alla sorte cui, secondo le narrazioni evangeliche, andò incontro Gesù di Nazareth, la cui predicazione aveva dato adito al sospetto di politeismo – l'accusa decisiva nel processo davanti al Sinedrio di Gerusalemme – e dunque al timore per l'unità del popolo d'Israele. Gli esempi potrebbero moltiplicarsi. Lo stesso significato si può vedere nella condanna di Socrate, accusato di aver voluto introdurre nuove divinità e, così, corrompere l'animo dei giovani. Paolo di Tarso che predicava il «Dio ignoto» (At 17, 23) è sbeffeggiato e chiamato «cornacchia» (17, 18), uccello di malaugurio, premonitore di disfacimento sociale. L'età imperiale di Roma poteva permettersi d'essere aperta all'inclusione di nuovi dèi (gli dèi delle popolazioni conquistate), solo perché tutti stavano sotto un dio unico cui tutti dovevano ossequio e ubbidienza: l'imperatore divinizzato. Il *crimen lesae majestatis* meritava la morte equivalendo, insieme, a blasfemia e a tradimento politico.

Se volgiamo lo sguardo al mondo attuale, vi troviamo altre figure sacerdotali, questa volta al sevizio di diverse divinità che hanno i loro templi e addirittura i propri territori fisici (la City di Londra, Wall Street a Manhattan ecc.) o immateriali (le piattaforme digitali), i propri ministri, i propri segreti, le proprie conventicole, le proprie liturgie. I loro sacerdoti sono gli «economisti» di regime, spesso consulenti inseriti in *boards* in cui gli interessi economici colludono con quelli politici. I collusi trovano spazio e gratificazione. I non collusi incontrano emarginazione. Non sono necessariamente esiliati, per lo più sono esclusi dalla società dei benpensanti di cui parlava Tocqueville, fuori della quale c'è irrilevanza, dimenticanza, frustrazione, se non anche irrisione e ironia:

> La maggioranza traccia un *cerchio formidabile* intorno al pensiero. Nell'interno di quei limiti lo scrittore è libero, ma guai a lui se osa sorpassarli.

Non già che egli abbia a temere un autodafé, ma è esposto ad avversioni di ogni genere e a quotidiane persecuzioni[1].

Quando ciò avviene, è segno che la funzione intellettuale libera ha ceduto alle lusinghe del potere economico o politico.

Istruire o educare

Sebbene il mondo dello spirito nel quale si svolge il rapporto tra l'insegnante e l'allievo, il maestro e il discepolo, sia per definizione il regno della libertà dall'ignoranza e della crescita dell'autonomia personale, l'indicazione di Michel Foucault circa le «microfisiche del potere», cioè circa la possibile penetrazione della sopraffazione in ogni struttura relazionale, anche la più piccola, appare a prima vista applicabile al rapporto tra il maestro (che sta in alto) e il discepolo (che sta in basso). Sotto questo aspetto – l'uso sopraffattorio della funzione magistrale – la scritta sul muro della Sorbona citata all'inizio, per quanto ingenua e semplicistica, non manca di segnalare un rischio. Conosciamo perfettamente gli strumenti pedagogici che sono e sono stati messi in pratica per forgiare i discepoli, con sanzioni morali e talora fisiche, fino alla manipolazione delle coscienze (il «lavaggio del cervello», per esempio), nell'ambito di qualche modello educativo autoritario. Ciò può essere visto anche nei rapporti didattici interpersonali e diventa una questione politica di massima importanza quando si tratta della «formazione» del cittadino assunta come compito dei governi o della formazione del credente, uno dei compiti essenziali d'ogni religione organizzata.

Tale questione ha antiche radici nella *paidèia*, cioè nelle strategie di costruzione del buon cittadino ad Atene e Roma e nella catechesi cristiana rivolta a promuovere la docile fedeltà alla dottrina della Chiesa, di cui sono esempi il *De catechizandis rudibus* e il *De magistro* di Agostino d'Ippona. Saltando i secoli e venendo a un'epoca vicina alla nostra, dobbiamo ricordare una memorabile discussione al tempo della Rivoluzione francese. Sui compiti della scuola pubblica nella nuova società rivoluzionata, si confrontarono due posizioni: si doveva *trasmettere conoscenze* o *inculcare principi etici*? Sinteticamente: *istruire* o *educare*? Avviare alla *scienza* o alla *vita* del buon cittadino rivoluzionario?

Possiamo assumere come esemplari delle due posizioni, rispettivamente, i nomi di Condorcet e di Talleyrand, autori, il primo, di cinque *Mémoires sur l'instruction publique* e, il secondo, di un *Rapport* sullo stesso argomento.

In sintesi, dice Condorcet, occorre difendere la popolazione dai «charlatans» e, pertanto, bisogna diffondere tra i cittadini l'istruzione e combattere l'ignoranza e le superstizioni. Lo Stato deve, quindi, limitarsi alle conoscenze, poiché l'educazione lederebbe la libertà e l'autodeterminazione dei giovani e delle famiglie rispetto ai propri figli. L'educazione assunta come compito dello Stato spezzerebbe i vincoli naturali che esistono tra le persone, per esempio i vincoli amicali e parentali, distruggerebbe la felicità domestica, indebolirebbe o anche annienterebbe i sentimenti di riconoscenza filiale, primo germe di tutte le virtù, e farebbe della felicità pubblica qualcosa di posticcio e di autoritario. In breve: un'educazione pubblica diventerebbe contraria alla libertà di coscienza e all'indipendenza delle opinioni. Diverso è per l'istruzione pubblica che si limiti a trasmettere conoscenze senza pretendere di imporre valori. Ciò si sarebbe dovuto applicare perfino alla somma dei principi repubblicani che stanno scritti nella Costituzione: essi avrebbero dovuto sì fare parte, anzi avere una parte importante dell'istruzione pubblica, ma «solo come fatto» al quale tutti i cittadini sono sottomessi; non come «dottrina» poiché allora sarebbero diventati una sorta di religione politica, un incatenamento degli «ésprits». Sotto il pretesto di renderle onore, si finirebbe per violare la libertà dei cittadini nei loro diritti più sacri.

Talleyrand, il tenace opportunista capace di adeguarsi alla corrente dei tempi che scorre più impetuosa, ha una visione diversa. Mentre Condorcet era pervaso dalla convinzione che la lotta contro l'ignoranza e la diffusione dell'istruzione avrebbero di per sé stesse promosso l'adesione spontanea ai principi etici del nuovo mondo che la Rivoluzione ostentava con la forza di una rivelazione, Talleyrand abbracciava risolutamente l'idea dello Stato come necessario istitutore e dispensatore della morale rivoluzionaria, cioè come educatore. Con il linguaggio attuale, si direbbe che il suo Stato non avrebbe potuto non essere «etico», a pena di disfacimento.

La Costituzione non avrebbe dovuto, dunque, essere semplicemente il catalogo dei diritti e dei doveri del cittadino cui si è legati da un obbligo esteriore, meramente politico: avrebbe dovuto diventare un catechismo. I catechismi costituzionali, modellati sul catechismo tridentino delle verità cattoliche, fiorirono effettivamente in varie parti d'Europa, dove e quando l'influenza della moralizzazione politica giacobina si fece sentire. Scriveva Talleyrand che «occorre imparare a conoscere la Costituzione e dunque che la *Déclaration des droits* e i principi costituzionali formino per l'avvenire un nuovo catechismo per la gioventù che sarà insegnato fino nelle più piccole scuole del Regno». La premessa era che qualunque costituzione, e soprattutto la costituzione rivoluzionaria, richiede una morale conforme.

Occorre non soltanto che la si imprima in tutti i cuori attraverso il sentimento e la coscienza, ma anche che la si insegni come una scienza veritiera i cui principi saranno mostrati alla ragione di tutti gli esseri umani di ogni età. Di fatto non è possibile che si sia penetrati dallo spirito di questa Costituzione senza riconoscere che tutti i principi richiedono il soccorso di un nuovo genere di istruzione. Infine, per dirla tutta, la Costituzione non potrà esistere realmente se rimanesse scritta in un codice, se al di là di ciò non gettasse le sue radici nell'anima di tutti i cittadini; se essa non imprimesse per sempre dei sentimenti nuovi, dei costumi nuovi, delle abitudini nuove.

Da qui a propugnare la creazione di un orwelliano *Ministero della morale e dell'istruzione* sotto la sorveglianza dei rappresentanti della nazione, il passo è breve e fu compiuto, per esempio, dal deputato alla Convenzione François Xavier Lanthenas. Condorcet aveva previsto questa deriva autoritaria e aveva ammonito contro il pericolo di una «religione civile» che, sotto il pretesto di «accarezzare» (*chérir*) la libertà, l'avrebbe violata in ciò che più di tutto è importante: la libera coscienza.

Il rapporto problematico tra istruzione ed educazione è sempre vivo. I regimi totalitari non hanno dubbi su come si debba costruire «l'uomo nuovo» di cui hanno bisogno. Il gesuitismo neppure, sebbene con risultati contraddittori presso gli spiriti indipendenti. Anche nelle società libere, c'è una tendenza paternalistica animata dalle migliori intenzioni, ma, come si sa, di buone intenzioni è lastricata... Ci si può limitare a ricordare le infinite discussioni circa la religione come materia scolastica (insegnamento laico o confessionale?) e gli interrogativi che sono stati sollevati con riguardo a un certo «documento d'indirizzo» emanato dal Ministero dell'istruzione a proposito della «materia» *Cittadinanza e Costituzione*. Lo citiamo come esemplare dei pericoli di indottrinamento. Vi si spiega che tale materia deve valere a «maturare la capacità di cercare e di dare un senso all'esistenza» degli studenti; a promuovere solidarietà, responsabilità, consapevolezza, dialogo, interscambio culturale, diritti umani, a «gestire conflittualità e incertezze», a «esprimere autenticamente sé stessi» ecc. attraverso idonei «percorsi formativi» e promozione di tante «competenze» civili che dovrebbero formare il buon cittadino. Coerentemente, una legge del 2008 prevede «azioni di sensibilizzazione» del «personale» addetto all'opera. Il sopracitato Lanthenas si sarebbe facilmente riconosciuto in questo genere di linguaggio.

Critica e dogmatica

Tuttavia, sebbene in astratto si capisca facilmente la distanza tra istruzione da impartire (etimologicamente: far parte qualcuno della conoscenza di qualcosa) ed educazione da inculcare (introdurre a forza un atteggiamento etico), in pratica i confini sono meno chiari. Infatti, l'istruzione onesta, cioè non artatamente orientata a illustrare qualcosa e a tacere qualcosa d'altro, piegando intenzionalmente le menti da un lato e non dall'altro delle cose, indubbiamente è anche educatrice. Con le parole di Norberto Bobbio, tanto spesso citate ma mai abbastanza assimilate, anche l'istruzione scrupolosa forma personalità suggerendo «l'inquietudine della ricerca, il pungolo del dubbio, la volontà del dialogo, lo spirito critico, la misura nel giudicare, lo scrupolo filologico, il senso della complessità delle cose»[2]. L'insegnamento e l'apprendimento che si ispirano a questi principi indubbiamente concorrono a promuovere mentalità critiche e a educare conseguentemente (alla libertà); esattamente come accade, al contrario, per l'indottrinamento che contribuisce a formare mentalità dogmatiche e a educare conseguentemente (all'ubbidienza).

Da questo punto di vista, qualunque insegnamento efficace comporta il lascito di un segno, come suggerisce la parola composta *insegnamento*. Così si comprende ciò che a prima vista sorprende: i fautori dell'insegnamento dogmatico, confessionale o ideologico che sia, possono accusare i loro critici d'essere a loro volta mossi da intendimenti non meno orientati a promuovere atteggiamenti etici non neutrali. Non è, tuttavia, la stessa cosa. Per questi ultimi, e non per i primi, si tratta dell'etica della libertà che implica anche la libertà di rifiutare la libertà, mentre i primi non ammettono la libertà di rifiutare il dogma. Rammentiamo che nella fase giacobina della Rivoluzione francese vi fu chi (Robespierre e Saint-Just) parlò di «dittatura della libertà»: un ossimoro che è tale solo in apparenza perché la libertà può essere anch'essa imposta, ideologicamente, con la forza del dogma.

La libertà di rifiutare il pensiero dogmatico – fosse anche il dogma della libertà – è il fondamento del pensiero critico. A sua volta, questa distinzione rinvia alla distinzione tra certezza e dubbio. Sullo sfondo, appare la contraddizione, o almeno la distinzione, tra verità e opinabilità, e tra oggettività e soggettività del bene e del male.

Gerusalemme e Atene

Un piccolo *excursus* in proposito, di natura vagamente filosofica: è consuetudine, almeno come primo orientamento, mettere lo spirito di Gerusalemme di fronte a quello di Atene e, addirittura, utilizzare questo contrasto come traccia per seguire l'intera nostra storia culturale. Quelle che seguono sono considerazioni che contrappongono due mondi spirituali. Per chi ha a che fare quotidianamente con l'insegnamento e l'apprendimento, sono un «Scilla e Cariddi» culturale.

Alla luce delle vertiginose speculazioni filosofiche che contrappongono i mondi delle due civiltà, Gerusalemme si mostra come la patria del pensiero problematico, dibattuto e controverso, che si sviluppa attraverso chiaroscuri mai completamente esplorati e illuminati, dove una parola e il suo contrario possono essere entrambe veridiche, perché sono tutte e due parola del Signore, mai penetrabile fino in fondo perché questa – scrive Gershom Scholem – è «parola infinita». Ogni controversia che abbia luogo «in nome dei Cieli» continuerà a esistere fino alla fine del mondo: chi mai potrebbe avere l'ultima parola «in nome dei Cieli»?[3]

Gerusalemme è la fede nella promessa del chiarimento escatologico che scioglie ogni nodo ed è, nel frattempo, il luogo dell'ascolto della parola divina nella quale la comunità intera ripone fiducia e alla quale promette ubbidienza. *Shemà Israel*, «ascolta Israele», è l'imperativo primario, il fondamento perenne d'una cultura religiosa che ha resistito nei secoli a ogni forma di persecuzione. In

Gerusalemme d'indiscutibile c'è solo la verità d'un patto di fedeltà privilegiato, esclusivo e talora terribile, stipulato con Dio. Il contenuto di tale verità è sempre da discutere, da interpretare, reinterpretare e interpretare ancora, perché la parola del Signore è sempre da riempire di significati e sempre di nuovo gravida di contenuti. È «duplice», così come le opere del Signore sono «due a due, l'una di fronte all'altra»: di fronte al male c'è il bene, di fronte alla morte c'è la vita; così di fronte all'uomo pio c'è il peccatore (Sir 33, 14-15 e 43, 24-25 che aggiunge: l'una conferma il valore dell'altra). Il Salmista (62, 12) dice: «una parola ha detto l'Eterno, due ne ho udite». C'è il testo, ma dopo il testo ci sono solo interpretazioni e nessuna interpretazione è sovrana e statica, perché solo il testo è sovrano e statico. Ogni interpretazione protegge e arricchisce il testo, fa con lui materia comune e promuove nuove interpretazioni che fanno della Parola un organismo vivente. A una domanda spesso si risponde con un'altra domanda, cioè con un movimento ancora una volta in avanti. In Gerusalemme, perfino la contraddizione non fa scandalo, perché è generatrice e rivelatrice di nuove conoscenze. Perciò, dentro il perimetro della fede nel dio unico, non c'è posto per eresie e scomuniche.

Questa saggezza antica, dunque, ammette la contraddizione, e non come difetto ma come pienezza. La controversia è la modalità del discorso che fa progredire le interpretazioni ed è, necessariamente, un fatto plurisoggettivo, un confronto e perfino uno scontro: *omnia duplicia, unum contra unum* (Sir 43, 24) e «non c'è uomo sotto il sole che facendo il bene non faccia anche il male» (Qo 7, 20). Bisogna essere consapevoli della pluralità e della parzialità dei punti di vista. Ci può essere un'esasperazione incauta quando si crede di operare unilateralmente per ciò che crediamo il bene e la giustizia e non se ne vedono i limiti. L'esagerazione può trasformarsi in male. Ancora il Qoèlet (7, 16-17) ammonisce: *noli esse iustus multum*, non esagerare, non inorgoglirti nella giustizia, *ne abstupescas*, per non instupidirti. La stessa cosa vale per il *malum*, «per non distruggerti anzitempo». Nel Deuteronomio (30, 19) troviamo: «io pongo davanti a voi il bene e il male; scegli dunque la vita», scegli dunque di non abbracciare passivamente, come un cadavere, l'uno o l'altro. La vita non può essere il bene assoluto, lineare e rettilineo, ma è un tortuoso «impasto di bene di male», a incominciare dal fatto ch'essa consuma vita, si nutre della nuda vita altrui, animale o vegetale che sia: si nutre, cioè, di morte!

Atene, al contrario, è la patria del pensiero *luminoso* che divide la giustizia dall'ingiustizia, il vero dal falso, il bene dal male in nome del principio sintetizzato nella celeberrima formula attribuita a Parmenide secondo la quale «l'essere è, e il non-essere non è», da cui «dire di ciò che è che non è, è falso; dire di ciò che non è che non è, è vero». Da qui la conseguenza che la verità è una realtà, come si usa dire, ontologica o essenziale, eterna e immobile, al di fuori della quale c'è solo l'errore. Se Gerusalemme nelle sue argomentazioni si alimenta di similitudini, analogie e metafore, Atene si alimenta di logica rigorosa e cogente.

Il principio di non-contraddizione è il maggior principio che condiziona l'intero pensiero filosofico occidentale fino all'Illuminismo e alla razionalità tecnica oggi dominante. Atene è la ragione che conserva i suoi miti solo per sconfiggerli o razionalizzarli attraverso una filosofia che si sviluppa secondo dicotomie, secondo la coppia vero-falso; è la ragione che accetta gli enigmi, le parole oscure degli oracoli, ma come punto di partenza per poterli chiarire. Atene coltiva il *logos* della ragione individuale che si confronta con sé stessa e con le sue contraddizioni, che è destinata a isolarsi come pura *ratio* che si addentra nell'iperuranio platonico dove stanno le idee pure. Il *logos* veritiero è alla ricerca dell'ordine e dell'armonia che attendono d'essere finalmente e definitivamente scoperchiati e liberati dalle false opinioni. È questa la struttura mentale che ha vinto nell'Occidente, non esente da potenzialità tragiche derivanti dall'esigenza di eliminare dalla faccia della terra le contraddizioni che appaiono tali alla luce dell'unico comun denominatore stabilito dalla sua ragione. Mentre la ragione in Gerusalemme è moltiplicatrice, la ragione in Atene è semplificatrice. In un caso, il numero è due; nell'altro, uno. Ciò che non è «integrabile» nell'uno è destinato a essere eliminato, a costo di annientamenti di culture e genocidi di popolazioni. La ragione occidentale non vive, non si riconosce e non si sviluppa in alcuna parola sempre da decrittare e preservare da parte di chi la riceve per prestarle ubbidienza. È sovrana. Contrariamente all'apparenza, Atene è il regno non della libertà ma della necessità – la necessità logica – perché al vero si contrappone il falso e il falso non può accampare diritti. Questo è il prezzo che si deve pagare alla sovranità della ragione, al principio di non-contraddizione e alla sua luce illuminante che vuole disperdere ogni ombra e vuole realizzarsi completamente. È necessario ricordare la dimostrazione delle (inevitabili o evitabili?) comunque ultime possibili conseguenze di questo modo di ragionare? Della «razionalità dell'Occidente» e dei suoi possibili esiti ha trattato un libro famoso dal titolo *Dialettica dell'Illuminismo* scritto nel 1947 da Max Horkheimer e Theodor Adorno, frutto di riflessioni che avevano alle spalle le ceneri incandescenti lasciate sul mondo dai totalitarismi del secolo scorso.

Forse, questi sono stereotipi, perché è una forzatura considerare Gerusalemme e Atene come due mondi dello spirito ciascuno in sé stesso unitario, compatto, fuori dal tempo e refrattario a influenze, modificazioni e contaminazioni. Sofocle, nella sua tragedia più famosa, quando tutto si compie nel disastro d'un contrasto che si è dimostrato insuperabile, fa dire al Coro, rappresentante della saggezza della città, che Antigone e Creonte sono entrambi vittime del loro errore, cioè del non aver saputo considerare «da entrambi i lati» la situazione in cui versavano: ciascuno di loro, a partire dal suo punto di vista, era portatore di buone ragioni ma queste avrebbero dovuto entrare in rapporto le une con le altre.

Il mondo è troppo complesso per poterlo abbracciare con uno sguardo soltanto, che sia lo sguardo della *doxa*, dell'opinione, o dell'*aletheia*, della verità. Tuttavia, se confrontiamo un dialogo socratico con una controversia rabbinica, salta agli occhi la distanza tra lo spirito filosofico e lo spirito sapienziale che si respirano rispettivamente nel primo e nel secondo caso. Davvero, sono mondi lontani: il secondo accetta le differenze e la contraddizione come condizione esistenziale, il primo le rifiuta cercando di depurarle in base al metafisico principio logico di non contraddizione e, così, mira a collocare da una parte le «cose che valgono» perché sono vere, giuste, belle, e dall'altra le «cose che non valgono», perché sono false, ingiuste, brutte. Senza contaminazioni.

Chiunque si accosti all'insegnamento come professione deve conoscere questa alternativa, un'alternativa che non ammette una terza via. Chi insegna, che cosa insegna? La verità che si è sicuri di possedere, oppure la ricerca d'una verità sempre segnata dal dubbio? Insomma: spirito dogmatico o spirito critico?

Il dubbio

Il dubbio è il bivio di fronte al quale in ogni momento si trova il cercatore di verità e, necessariamente, anche e a maggior ragione il maestro, in quanto egli si candidi non come imbonitore, propagandista o consapevole traviatore dei suoi discepoli. Chiameremmo maestro, e non piuttosto corruttore, non solo colui che scientemente si propone come compito la diffusione della menzogna, ma anche colui che si presenta come depositario della verità? Non diremmo che costui pecca di presunzione; anzi, approfitta della cattedra per moltiplicare la presunzione?

Qual è, dunque, la posizione del maestro di fronte al dubbio? Che cosa ci si aspetta da lui? Che spazzi via i dubbi e diffonda certezze, oppure che combatta le certezze seminando dubbi?

Innanzitutto, che cosa si può intendere per dubbio? Anche qui l'etimologia ci aiuta. La radice è in *duo* da cui derivano «duplice» e «doppio», così come anche la parola imparentata «ambiguo» che, prima che oscuro, sfuggente e ingannevole, indica qualcosa in cui si mescolano confusamente due o più sostanze concettuali che possono essere chiarite separandole. Il Salmo che è già stato citato («Una parola ha detto l'Eterno, due...») parla dell'ambiguità della parola non nel senso della parola ingannevole o oracolare, ma nel senso dell'incapacità di decrittarla, svelarla, fissarla, in altre parole, di farla nostra una volta per sempre.

Al di là dell'apparenza, il dubbio non è affatto necessariamente in contraddizione con la verità. In certo senso ne è la riaffermazione, è un omaggio alla verità. È incontestabile che solo chi crede nella verità può dubitare; meglio, può dubitarne. Chi crede che gli esseri umani siano condannati all'insensatezza delle loro esperienze e all'inafferrabilità di ciò che si può chiamare la verità non dubita affatto. Sospende necessariamente ogni giudizio particolare in nome di una certezza generale, la certezza che nulla possa essere conosciuto veritieramente e che quindi tutto è indifferente. Se siamo condannati a nulla sapere circa il vero, il bello, il giusto, la condizione alla quale non sfuggiamo è la *aphasìa*, o l'insensatezza delle nostre parole. A forza di considerare ogni pensiero, ogni consapevolezza, ogni valore in cui credere solo come maschere ingannatrici che dobbiamo strapparci dal viso, una dopo l'altra, come quelli che Gadamer chiama i «maestri del sospetto» ci invitano fare, finiremmo per distruggere noi stessi[4]. Del resto, avrebbe senso la proposizione «dubito di un dubbio»? L'oggetto del dubbio, in questa espressione, non assume forse il valore di una verità, sia pure provvisoria e contestabile?

Lo scetticismo radicale può essere, in fine, rivoltato contro di sé: l'atteggiamento scettico radicale finisce per negare lo stesso scetticismo, in quanto proclama una sua verità: una verità nichilistica ma pur sempre una verità. La conseguenza etica è l'indifferenza. Il dubbio che non si rivolta contro sé stesso, invece, è il contrario dell'indifferenza perché presuppone la conoscibilità delle cose umane ma, insieme, l'insicurezza di averle afferrate veramente. Il dubbio che non si risolva in scetticismo radicale è la consapevolezza del carattere mai completamente perfetto e totale della conoscenza, carattere che deriva dalla profondità delle cose che, pur se sondabili, sono però inesauribili. Nello scarto tra l'apparenza e la verità – si potrebbe dire: tra la forma come involucro che mostra e contemporaneamente nasconde, e l'essenza che è contenuta nella forma ed è il principio vitale d'ogni cosa che cerca continuamente di forzare i limiti che la forma gli impone – opera il dubbio. Dice Paolo di Tarso (1 Cor 13, 12): «Ora noi vediamo in modo confuso, come in uno specchio; allora invece vedremo faccia a faccia» («βλέπομεν γάρ ἄρτι 'δι' ἐσοπτρου' ἐν αἰνιγματι, τότε δὲ πρόσωπον πρὸς πρόσωπον»; «nunc videmus per speculum et in aenigmate, tunc autem facie ad faciem»). «Ora» non siamo completamente ciechi, anche se non vediamo con la chiarezza della verità incontestabile. Possiamo intravedere, e ciò basta per dire che la ricerca non è affatto insensata, come invece vorrebbero gli scettici.

Il dubbio scettico è paralizzante; il dubbio che potremmo dire euristico è sollecitante. Esso induce a porsi sempre la domanda: sarà *davvero* vero ciò che mi par *vero*? Questa domanda, come si diceva, è un omaggio alla verità, ma a una verità che ha sempre di nuovo da essere riconsiderata e, eventualmente, sottoposta a revisione. Perciò, nel dubbio c'è uno stimolo, una forza propulsiva che contraddice non solo lo spirito scettico che è proprio di chi si chiude nella rinuncia, ma anche lo spirito dogmatico che è proprio di chi pretende di fissare verità sottraendole una volta per tutte alla verifica critica. L'accettazione del dubbio come condizione esistenziale coincide con l'*ethos* inquieto di chi rifiuta di considerare definitive le cose della vita, senza alternative e non problematiche. Il dubbio sta dunque tra scetticismo e dogmatismo. Ciò vale in generale per ogni essere umano in ogni momento di riflessione sul mondo esterno e, in particolare, sulle cose che dipendono da lui, cioè le cose che possono essere in un modo o in un altro a seconda della propria volontà. Specialmente per il maestro, per la responsabilità che gli compete, la propria collocazione tra scetticismo e dogmatismo è una questione della massima importanza. Ne vedremo poi le conseguenze sociali e politiche.

Nausea del conoscere

Non è facile accettare l'idea che si viva immersi nel dubbio, che il mondo dell'umano presenti tanti, o forse infiniti, lati e che la conoscenza implichi la fatica di andar cercandoli se non tutti, almeno il maggior numero possibile. Si corre il rischio del fallimento, del dolore, dell'incertezza, del fatalismo e del disgusto; il rischio di cadere nel relativismo scettico secondo cui tutto è relativo e dunque nulla ha valore; il rischio del «prospettivismo» secondo cui tutto dipende solo dal punto di vista soggettivo (il principio di Protagora «*homo mensura* di tutte le cose che sono e di quelle che non sono» di cui tratta Socrate nel *Teeteto*, 131-132) e dunque non esistono verità generalizzabili o universali; il rischio del naufragio in ciò che chiamiamo «complessità»; oppure, in fine, il rischio dell'enciclopedismo amorfo e privo di valore. In questo ultimo caso, il pensiero diventa una zavorra che paralizza e allontana dalla vita e la sostituisce con la biblioteca. Non sono forse questi, pericoli da cui il maestro deve guardarsi per non guastare la mente e la volontà sua e dei discepoli? Non deve egli saper indicare rotte che indichino approdi?

Fëdor Dostoevskij, in *Ricordi dal sottosuolo*, ha parlato della conoscenza di troppe cose come di una malattia, una vera e propria malattia[5]; e Thomas Mann di «nausea del conoscere». In *Tonio Kröger* descrive chi «ne ha già viste di tutti i colori», sa darsi ragione d'ogni cosa al mondo e fa esibizione di «sufficienza, indifferenza, ironica stanchezza della verità», aggiungendo:

nulla è più sordido e disperato di una cerchia di cervelli fini che abbiano già sperimentato di tutto. Ogni conoscenza acquisita è per costoro vieta e stucchevole. Provate a enunciare una verità la cui conquista e possesso, forse, vi rendano giovanilmente felici; uno sprezzante «hm, hm» accoglierà, per tutta risposta, le vostre scoperte di dozzina... Ah sì, la letteratura stanca [...] Nell'umana società può darsi, ve l'assicuro, che per gran scetticismo e riserbo uno sia giudicato stupido, mentre in realtà è soltanto orgoglioso o scoraggiato [...] Comprendere tutto vorrebbe dire tutto perdonare? Mah, non lo so. C'è qualcosa [...] che io definisco nausea del conoscere; lo stato d'animo nel quale all'uomo basta vedere a fondo una cosa per sentirsene disgustato a morte [...]: il caso di Amleto, del danese, di questo prototipo del letterato: egli sapeva che cosa significhi essere chiamato al conoscere, senza esservi nato. Veder limpido pur attraverso il lacrimoso velo dei sentimenti, riconoscere, notare, osservare, e quel che si è osservato doverlo mettere da parte sorridendo, ancora negli istanti in cui mani si stringono, si ritrovano labbra, in cui, spegnendosi nella sensazione, lo sguardo umano vien meno – tutto ciò è infame [...], è abbietto, è indegno [...] ma a che serve indignarsi?[6]

C'è in queste parole un'eco evidente delle considerazioni di Friedrich W. Nietzsche sul «filisteo colto» che stanno nelle sue *Considerazioni inattuali*, dedicate alla demolizione della figura dell'intellettuale narcisista e sterile rappresentata da David Strauss, un teologo e filosofo a quel tempo famoso, messo alla berlina per il suo ridicolo rimestare nel paiolo del suo proprio pensiero. Il filisteo colto, al quale Nietzsche si rivolge ironicamente col titolo di «signor Maestro», è quello che sa tutto di tutto ciò che la storia ha prodotto, crede che il presente sia la somma di tali reperti e non sa o non vuole sapere nulla del futuro. Il filisteo colto

> si limita a respingere, negare, celare, tapparsi le orecchie, non guardare; è un essere negativo anche nel suo odio e nella sua ostilità. Ma egli nessuno odia più di colui che lo tratta da filisteo e gli dice ciò che è: l'ostacolo di tutti i forti e i produttivi, il labirinto di tutti i dubbiosi e gli sperduti, la palude di tutti gli sfiniti, la catena al piede di tutti coloro che corrono verso alti scopi, la nebbia velenosa per tutti i germogli, l'arido deserto di sabbia di chi [nella specie: «lo spirito tedesco»] ha le orecchie.

L'ideale del maestro-filisteo è il «dotto», colui che nasce già con i capelli grigi, l'erudito che banalizza qualsiasi novità affermando, con qualche esempio, ch'egli l'ha già letta nei libri, che si tratta sempre e solo di repliche; noi diremmo «l'imparato», l'addomesticato, il giustificatore *a priori*, lo spirito di sudditanza di cui impareggiabile rappresentazione è il «molto riverito» Stepàn Trofimovič Verchovenskij, una delle figure maggiori di *I demoni* di Dostoevskji.

Il filisteo nietzschiano non spunta senza che vi sia un ambiente adatto. L'ambiente al quale si riferiscono polemicamente le *Considerazioni inattuali* è quello dello storicismo saturo di storia e di filologia, nel quale il dotto e l'alunno consumano il tempo presente nell'esplorare il tempo passato e finiscono per esserne schiacciati e si precludono la possibilità di volgere lo sguardo dall'altra parte, la parte dove – dice Nietzsche – c'è la vita.

La posizione del maestro è fragile, esposta a un rischio capitale: da un lato gli si chiede di guardare le cose da ogni possibile lato; dall'altro, la ricerca senza fine degli infiniti lati comporta vacuità, paralisi della volontà, soffocamento per eccesso di conoscenza e indifferenza. Da qui, per conseguenza, l'arte e la difficoltà del maestro: scegliere consapevolmente ciò che merita di essere selezionato per essere preservato e ciò che invece ha da essere obliato, per evitare che il magistero si trasformi in illimitata, stagnante e insignificante erudizione. Persino il proposito del più neutrale dei maestri, il proposito di «lasciar parlare i nudi fatti», e quindi ammassarli gli uni con gli altri, tanti quanti è possibile, è un metodo ingannevole e sleale perché comunque, a parte ogni altra considerazione, nessuno può ambire a una tale mostruosa completezza.

Conoscere, comprendere e giustificare

A questo punto si aprono interrogativi importanti, che richiedono uno svolgimento appropriato. Tutto *conoscere* equivale a tutto *comprendere* e, alla fine, a tutto *giustificare*?

L'attività intellettuale sta problematicamente e pericolosamente su questa linea di connessioni; chi esercita una funzione magistrale non solo è in bilico per quel che riguarda la sua propria coscienza professionale, ma è anche responsabile del suo equilibrio o della sua mancanza di equilibrio nei confronti di coloro ai quali si rivolge, su cui esercita la sua influenza.

a. La conoscenza perfetta come scopo dell'insegnamento è l'enciclopedia. Il «filisteo colto» di cui si è appena detto è l'icona dell'erudito, «perdigiorno viziato nel giardino del sapere» (ancora Nietzsche) che sa tutto ciò che è possibile sapere delle cose di cui gli piace occuparsi e le mette in bella mostra, le une accanto alle altre in una vetrina di nozioni frammentarie. «Sapere tutte le cose» conoscibili, però, è impossibile, così come l'enciclopedia perfetta è un'utopia. Si può sapere molte cose e la curiosità può spronarci a saperne sempre di più, mai tutte. Anche nella conoscenza che vuol essere la più oggettiva e imparziale, ci sono lacune e censure inevitabili non volute, per insufficienze cognitive, perché l'onniscienza non è degli esseri umani; le lacune per insufficienze oggettive, le censure per limiti soggettivi, determinati da fattori di cui non si ha coscienza e che dipendono dalla collocazione sociale e funzionale dei soggetti insegnanti e dagli obbiettivi delle istituzioni che ne organizzano l'insegnamento. Così viene tracciato un «cerchio magico» che protegge gli sprovveduti, facendo loro credere nell'assoluta imparzialità del loro sapere enciclopedico. Al rischio d'essere relegati in tale falsa condizione sono particolarmente esposti i frequentatori delle «scuole d'élite»[7]. Le scuole di élite, o di eccellenza, filtrano le conoscenze in vista del «prodotto sociale», cioè dell'allievo «insegnato» e bene educato cui mirano: l'elitarismo e l'eccellenza sono ideologie accanto alle altre.

Tuttavia, credere che più si conosce, cioè più si mette l'una accanto all'altra ogni possibile conoscenza, più si comprende è un'idea totalmente sbagliata, così come è illusorio il motto «lasciar esclusivamente parlare i fatti». Si possono conoscere molte cose, molti fatti e non comprenderne alcuno. Anzi: c'è una misura che permette di conoscere, e una dismisura che ostacola o impedisce.

b. Com-prendere, anche etimologicamente, indica riunire elementi diversi per darne una rappresentazione complessiva, allo stesso modo della com-posizione delle tessere di un mosaico o di un puzzle. Ogni comprensione implica un disegno, un paradigma entro il quale le cose si rapportino le une alle altre secondo una qualche idea ordinatrice o rivelatrice di senso storico, politico, sociale, culturale o morale: una idea che permette di cogliere le ragioni profonde della continuità, delle rotture, delle coerenze, della complementarietà, delle contraddizioni ecc., un'idea che al tempo stesso raccoglie e separa. Max Weber ha usato, per dire la stessa cosa, l'espressione «tipi ideali», indicando ciò da cui non si può prescindere per la comprensione nelle scienze storico-sociali. Lasciando da parte le molteplici discussioni che la proposta weberiana ha suscitato, rimettiamoci a un passo chiarificatore di Primo Levi:

Ciò che comunemente intendiamo per «comprendere» coincide con «semplificazione»: senza una profonda semplificazione, il mondo intorno a noi sarebbe un groviglio infinito e indefinito, che sfiderebbe la nostra capacità di orientarci e di decidere le nostre azioni. Siamo insomma costretti a ridurre il conoscibile a schema: a questo scopo tendono i mirabili strumenti che ci siamo costruiti nel corso dell'evoluzione e che sono specifici del genere umano: il linguaggio e il pensiero concettuale. Tendiamo a semplificare anche la storia; ma non sempre lo schema entro cui si ordinano i fatti è individuabile in modo univoco, e può dunque accadere che storici diversi comprendano e costruiscano la storia in modi fra loro incompatibili.

Il passo citato prosegue con una considerazione che contiene l'essenza della tragica esperienza dell'Autore:

è talmente forte in noi, forse per ragioni che risalgono alle nostre origini di animali sociali, l'esigenza di dividere il campo tra «noi» e «loro», che questo schema, la bipartizione amico-nemico, prevale su tutti gli altri. La storia popolare, e anche la storia quale viene tradizionalmente insegnata nelle scuole, risente di questa tendenza manichea che rifugge dalle mezze tinte e dalla complessità: è incline a ridurre il fiume degli accadimenti umani ai conflitti, e i conflitti a duelli, noi e loro, gli ateniesi e gli spartani, i romani e i cartaginesi. Certo è questo il motivo dell'enorme popolarità degli sport spettacolari, come il calcio, il baseball e il pugilato, in cui i contendenti sono due squadre o due individui, ben distinti e identificabili, e alla fine della partita ci saranno gli sconfitti e i vincitori [...] Questo desiderio di semplificazione è giustificato, la semplificazione non sempre lo è. *È un'ipotesi di lavoro, utile in quanto sia riconosciuta come tale e non scambiata per la realtà*; la maggior parte dei fenomeni storici e naturali non sono semplici, o non semplici della semplicità che piacerebbe a noi[8].

Coloro che credono nelle forze invincibili che muovono la storia, dotata perciò di una sua intrinseca legalità, comprenderanno e spiegheranno le cose e la loro successione secondo una qualche ragione oggettiva – provvidenziale o «storicistica» – nascosta nelle pieghe degli accadimenti. Gli antiprovvidenzialisti e antistoricisti diranno che la storia non ha un senso, né progressivo né regressivo ma, se mai, siamo noi a poter assumere il compito di darglielo. Che ci si sia riusciti finora, saranno in pochi a sostenerlo. In molti saranno piuttosto propensi a vedere in ciò che chiamiamo progresso o storia progressiva un cumulo di casualità e insensatezze, come l'*Angelus novus* di Paul Klee di cui Walter Benjamin scrisse:

Vi è rappresentato un angelo che sembra in procinto di allontanarsi da qualcosa su cui ha fisso lo sguardo. I suoi occhi sono spalancati, la bocca è aperta, e le ali sono dispiegate. L'angelo della storia deve avere questo aspetto. Ha il viso rivolto al passato. Là dove davanti *a noi* appare una catena di avvenimenti, *egli* vede un'unica catastrofe, che ammassa incessantemente macerie su macerie e le scaraventa ai suoi piedi. Egli vorrebbe ben trattenersi, destare i morti e riconnettere i frantumi. Ma dal paradiso soffia una bufera, che si è impigliata nelle sue ali, ed è così forte che l'angelo non può più chiuderle. Questa bufera lo spinge inesorabilmente nel futuro, a cui egli volge le spalle, mentre cresce verso il cielo il cumulo di macerie davanti a lui. Ciò che noi chiamiamo il progresso, è questa bufera[9].

È una potente immagine che non sfigurerebbe nell'immaginario dantesco. La si può intendere in due modi: come il riassunto del carattere tragico delle esperienze dell'umano, cioè come una condanna irrevocabile che non lascia alcuno spazio al riscatto mondano (fino all'esito messianico della storia); oppure, al contrario, come constatazione d'un fallimento che non esclude, anzi sprona a fare meglio.

In ogni caso, non ci può essere comprensione in assenza di un qualche *criterio ordinatorio* dei fatti (fosse anche l'idea del caos irrimediabile e refrattario a qualsiasi ordine). Il criterio è con evidenza l'*a priori* di ogni comprensione. Tuttavia lo è anche della semplice conoscenza: poiché la conoscenza integrale è, evidentemente, un compito impossibile anche per l'erudito più erudito di tutti, anch'egli, consapevolmente o inconsapevolmente, opererà selezioni, filtrerà le sue conoscenze secondo criteri di rilevanza e di irrilevanza, valorizzerà certi dati a discapito di altri. Ciò, a onta della distinzione tra il conoscere e il comprendere, vale a stabilire un rapporto di continuità tra l'uno e l'altro. Ma, mentre la comprensione, dati i fatti, è libera, la conoscenza non lo è perché non può fare a meno dei fatti empirici, storicamente comprovati. Onde della conoscenza può dirsi essere vera o falsa; non altrettanto della comprensione. Ma, per quanto libera, la comprensione, se può selezionare i fatti, non ne può legittimamente negare l'evidenza.

Guardiamo, per esempio, le prese di posizione nei confronti della Shoah, vero e proprio banco di prova della coscienza contemporanea. Il cosiddetto negazionismo contesta il numero delle vittime, mette in dubbio l'attendibilità di documenti anche fotografici, narrazioni, testimonianze e crede così, a partire da una comprensione presupposta, di potere svalutare (la conoscenza di) fatti addirittura schiaccianti che provano il contrario, per giungere alla conclusione che si tratta di una montatura propagandistica a fini politici. Questo è un caso estremo di «comprensione» (o pre-comprensione) che annulla la conoscenza.

La conoscenza, a sua volta, può e deve influire sulla comprensione imponendo, quando è il caso, di abbandonarla e sostituirla. Non c'è, dunque, soltanto, la comprensione che seleziona le conoscenze, operando quindi come strumento difensivo rispetto all'irrompere di eventi perturbanti, per così dire metabolizzandoli, addomesticandoli, normalizzandoli e sminuendone o, al contrario, amplificandone il significato. Nell'economia della psiche la comprensione è tranquillizzante, mentre la conoscenza, quando la forza dell'evidenza di nuovi apprendimenti non permette di fare finta di niente, scompagina le carte, impone nuove costellazioni di significati e interferisce con l'ordine mentale costituito. La verità, si dice, è rivoluzionaria. Le riflessioni di Marc Bloch hanno mostrato che il nostro intelletto tende per sua natura assai più a voler comprendere che a volere conoscere. La comprensione è necessaria, ma la conoscenza la disturba[10].

c. Comprendere non è giudicare perché, di per sé, non è una valutazione, un'attribuzione di valore e, perciò, non è né una condanna né una giustificazione. Si può comprendere e, tenendo separata la valutazione di ciò che si è compreso, approvare o disapprovare. Così, può accadere di dire, senza contraddizione: ti comprendo, ma non ti giustifico.

Che cosa racchiude questa differenza? Si può comprendere, perché si è entrati nel paradigma (cioè in un sistema di relazioni metafisiche o fisiche) entro il quale gli accadimenti devono o possono essere spiegati; ma, una volta che così li si è spiegati, è ben possibile assolverli o condannarli. Dunque la comprensione, dal punto di vista dei valori di chi la pone come suo intento, è muta. Essa riguarda non chi comprende ma chi e che cosa si dà da comprendere. Quante indagini, quanti sforzi, quante controversie esistono per cercare di «comprendere», spiegandoli, i grandi misfatti e le grandi tragedie dell'umanità, senza per questo giustificarli: anzi, talora per cercare la chiave per emettere eventualmente in un secondo distinto momento la sentenza di assoluzione o di condanna meglio motivata.

Comprendere, conoscere, giustificare

Dunque, comprendere non significa di per sé giustificare. Ma le due cose non sono semplici da tenere separate. Così come – si è già detto – non si possono separare nettamente neppure il conoscere e il comprendere. Conoscere, comprendere, giustificare sono su una linea di contiguità e, sul confine, ci sono zone di influenza reciproca; anzi, in una certa porzione si sovrappongono. A prima vista, sembra di poter dire che la conoscenza precede la comprensione, e la comprensione la (eventuale) giustificazione. In realtà la sequenza è complessa e reversibile, perché dal comprendere è influenzato il conoscere. Conoscere senza pregiudizi è impossibile. La pre-comprensione influenza la conoscenza, perché non si conosce senza disporre di strutture mentali a priori, che siano idee innate, reminiscenze platoniche, ipostatizzazioni di esperienze o sedimentazioni culturali. La comprensione, si può dire così, è il perno su cui ruota tanto la conoscenza quanto la giustificazione.

Circa il rapporto d'implicazione tra il comprendere e il giustificare, prendiamo anche qui l'esempio estremo, incandescente e paradigmatico di Auschwitz, dando per scontato che si conoscano in buona fede i fatti e che questi, per quanto a grandi linee, non siano controversi. Per alcuni si tratta della replica d'un modulo tragico da cui la preistoria e la storia dell'umanità è stata costellata, lo è tuttora e presumibilmente lo sarà ancora. Senza parlare degli stermini nei secoli lontani e di quelli commessi, con centinaia di milioni di vittime, in ogni parte del mondo dai colonizzatori «bianchi», per esempio nelle Americhe, venendo ai tempi recenti, a *Il secolo dei genocidi* (così il titolo di un libro di Bernard Bruneteau)[11], l'elenco è ricco e gonfio d'orrore: Herero, Armeni, Curdi, Bosnia, Cambogia, Burundi, Somalia, Congo, Sudan, Nigeria, Timor Est, Darfur, Myanmar, Siria ecc. ecc. Ampliando il concetto di genocidio – un concetto problematico – vi rientra la politica di annientamento dei kulaki nella Unione Sovietica di Stalin. Questi massacri possono essere ascritti a pratiche ancestrali e spiegati con la categoria politico-antropologica di *L'imperativo di uccidere* (così il titolo di un libro di Pierpaolo Portinaro)[12]. La Shoah in tal modo perde i suoi caratteri di unicità e, al massimo, può essere rappresentata come un episodio particolare (come, del resto, particolari sono tutti gli «eventi» storici) entro una categoria più ampia di umani abomini. Perfino in ambito ebraico ne sono state proposte «comprensioni» normalizzanti: la Shoah come una tragedia, tra le tante, da cui è segnata la storia plurimillenaria del popolo d'Israele; oppure come una delle punizioni volute o permesse da Dio per l'infedeltà del suo popolo (punizione, per esempio, per le sue tendenze all'assimilazione o per l'alterigia del sionismo) ecc. Viceversa, sottolineando le motivazioni e le giustificazioni razziste, le tecniche di esecuzione pianificate, la mostruosa collaborazione imposta a ebrei nello sterminio di ebrei (i *Judenräte* e i *Sonderkommandos*), le ragioni economico-politiche, le radici storico-ideologiche, la divisione dell'umanità in *Untermenschen* e *Übermenschen* e la teorizzazione dell'annientamento dei primi come opera a favore della «umanità» ecc., ne viene l'incommensurabilità dell'infamia nazista e la sua percezione come *unicum*. Una nota a piè di pagina nei libri di storia nel primo caso, la divisione della storia in un prima e in un dopo Auschwitz nel secondo; interpretazione «comprensiva» e assolutoria nel primo caso, l'esecrazione d'un misfatto unico, mai prima conosciuto nel secondo caso.

Il linguaggio comune ci mette sull'avviso circa il facile slittamento dal comprendere al giustificare. Che cosa intendiamo dire con l'esortazione: «sii comprensivo!», oppure «comprendimi!», se non «valuta con indulgenza» i miei motivi, e quindi giustificami, perdonami? L'atteggiamento «comprensivo» confina con la giustificazione e, se è illimitato, può giustificare illimitatamente. «Sii comprensivo» contiene l'invito ad accettare, dando il tuo giudizio, lo stesso paradigma entro il quale io ho agito. Il comprendere finisce così per confondersi col giustificare quando il criterio della comprensione coincide con quello della giustificazione. In tal caso, allora davvero comprendere equivale a giustificare, il che è un esito moralmente nichilistico e cognitivamente relativistico: nichilistico, perché finisce per accettare la giustificazione del fatto compiuto in quanto «compiuto»; relativistico, perché finisce per adeguarsi a qualsiasi punto di vista. Il nichilismo e il relativismo sono il rischio degli uomini troppo «comprensivi» che, immedesimandosi negli altri, finiscono per assumere il loro abito morale, rinunciando così a pronunciare giudizi propri.

Uguale risultato rinunciatario può derivare dall'assunzione non del relativismo ma, al contrario, di singole categorie di comprensione assolute e «omnicomprensive». Se la spiegazione degli accadimenti nel mondo tutto intero è, ad esempio, «il fato», «la necessità» (*anànke*, in greco classico), «il destino» inesorabile, «la predestinazione», «la provvidenza» o, al contrario, «il caso», «la fortuna», «la sorte», allora è chiaro che non c'è nulla da giustificare o condannare, ma tutto è solo da registrare. Tutto si può comprendere, o come frutto della necessità o come effetto del caso. È chiaro che nulla chiede una giustificazione da parte di chi è anch'egli sottomesso alla necessità o alla fortuna. Nulla chiede di essere giustificato, il che coincide, all'atto pratico, col dire che tutto è giustificato perché tutto ciò che è non potrebbe essere ciò che non è.

Ogni comprensione fondata su idee ultime e onnicomprensive esclude dunque la libertà morale degli uomini nelle cose del mondo, libertà dalla quale dipende la possibilità di categorie di giudizio molteplici e potenzialmente in contrasto o concorrenziali tra di loro. Soprattutto, non permette di dire: comprendo ma non giustifico e non perdono, ciò che è *condicio sine qua non* della libertà morale. La comprensione totale e universale, cioè la comprensione che non ha bisogno di essere a sua volta ricompresa in altro sistema di comprensione, corrisponde alla giustificazione totale. Se so perfettamente e definitivamente che le cose non possono che essere così come sono, esse sono giustificate per definizione. Ogni altra «idea comprensiva» apparirà velleitaria. Il fatalismo è l'atteggiamento di chi ritiene che di fronte alla realtà non c'è niente da fare perché, comunque, nulla si potrebbe fare di diverso dall'abbandonarvisi. In questo modo, tutto si giustifica, sia pure attraverso una «giustificazione passiva».

Da qui discende una massima importante: la libertà morale presuppone l'umiltà di fronte alla verità; presuppone che non ci si ritenga mai definitivamente depositari di una ragione assoluta di comprensione. Contrariamente all'apparenza, non è umile l'idea scettica di chi professa come verità l'insensatezza della ricerca della verità perché, così, promuove l'estinzione della libertà morale e alla volontà sostituisce l'apatia come forma di sapienza superiore.

L'apatia e la melanconia sono la condizione di «chi sa troppe cose» e finisce per subire passivamente il guazzabuglio del mondo. Per decidere e agire occorre una buona ragione, prevalente su quelle meno buone o cattive. Occorre preferire una scelta a un'altra. Ma, se *tout comprendre, c'est tout mépriser* (secondo l'espressione di Nietzsche) o, al contrario, se *tout comprendre, c'est tout aimer* (come pensava il *Candide* di Voltaire), per quale ragione ci si dovrebbe attivare per qualche fine, se tutto è insensato, inconoscibile o moralmente equivalente, nobile o ignobile? Per questo, spesso gli uomini di pensiero non sono capaci di decisioni e quindi di azioni: «energia e cultura stanno sempre in rapporto inverso» (Wilhelm von Humboldt). Coloro che hanno conosciuto, provano nausea per l'agire, sentono come è ridicolo che venga loro richiesto di rimettere in sesto il mondo uscito dai cardini. «La conoscenza uccide l'agire. Per agire si deve essere avvolti nell'illusione»[13]. Al contrario, gli uomini d'azione non sono di regola uomini di pensiero. Anzi, spesso sono uomini innamorati della loro ignoranza o dell'unilateralità della propria visione del mondo, che credono di possedere come una «rivelazione» e sono certi di doverla e poterla imporre agli ignari e ignavi.

Tre tipi di insegnamento

La responsabilità del maestro muta a seconda che egli si dedichi a far conoscere, a far comprendere e far giudicare.

La saggezza e antica e moderna, da Plutarco a Montaigne, ripete frasi come queste: la mente non è un vaso da intasare, ma un fuoco da accendere; deve essere riempita di legna da ardere che possa essere accesa da qualche scintilla. Il compito dei maestri è di scoccare le scintille. Tuttavia, è vero anche che se non trovano legna da ardere, le scintille si spengono presto. La legna – per restare nella metafora – sono le conoscenze. Le teste vuote nessuno può accenderle.

Nella diffusione della *conoscenza*, l'autorità del maestro dipende dal possesso del maggior numero di informazioni su contenuti e metodi di apprendimento propri della sua disciplina. In questo senso quantitativo, il suo compito è la circolazione e la diffusione delle nozioni di cui egli dispone, secondo il *criterio di verità* che implica *completezza*. Il buon maestro è chi, nei limiti del possibile, padroneggia la materia del suo insegnamento e sa comunicarla senza censure e con la chiarezza necessaria all'apprendimento. «Padroneggiare» non significa, tuttavia, ripetere ciò che altri, o lui stesso, hanno già detto e scritto. Il pappagallo non è un «maestro». Il maestro è innanzitutto chi non s'accontenta. È un raccoglitore sempre curioso dell'infinito mondo del sapere e insofferente dei limiti e degli ostacoli che sono frapposti al soddisfacimento della sua sete di sapere. L'organizzazione e la promozione della ricerca e la diffusione imparziale dei risultati è una questione della massima importanza e tutt'altro che neutra. Non è solo una questione di conoscenza. La conoscenza s'intreccia con interessi di potere. Il governo degli uomini è condizionato anche dalle conoscenze che circolano nella società. Gli orwelliani «ministeri della verità» sono una caratteristica dei regimi totalitari. Oggi non sono più di moda ma, pur nella «società della conoscenza» nella quale si dice che noi siamo immersi, i metodi espliciti o subdoli per censurare, orientare e falsificare le conoscenze sono innumerevoli. Anche le istituzioni entro le quali per lo più i maestri sono strutturati, e che attribuiscono loro una autorità certificata, possono svolgere una funzione paralizzante. Il compito dei maestri che amano la (ricerca della) verità per poterla insegnare è di scrollarsi di dosso, per quanto è possibile, la burocrazia che della istituzione è l'arma segreta.

«Padroneggiare» la propria materia è una parola approssimativa: nessuno può presumere di conoscere «tutti i lati» delle cose sia nelle cosiddette scienze della natura, sia in quelle della società. Anche nella conoscenza operano criteri selettivi. Una «storia delle scienze» potrebbe utilmente portare luce su questa grande questione: le scienze procedono attraverso continue illuminazioni e altrettante oscurazioni. Quali sono i criteri che illuminano e quelli che oscurano? Nelle scienze sociali (compresa la scienza giuridica), le quali hanno a che vedere con la disuguale distribuzione sociale dei poteri, sono massimamente rilevanti i punti di vista: se ci si pone dal punto di vista di chi dispone di potere, saranno portati in luce alcuni aspetti delle cose; se dal punto di vista di chi subisce il potere, altri aspetti talora opposti. *Omnia duplicia*, si diceva. Di questa importante questione che ha a che vedere con la possibilità della conoscenza oggettiva, neutrale, si dirà in altra occasione. Qui basta constatare che questo limite della conoscenza introduce senza cesure all'argomento successivo.

La *comprensione* presuppone la conoscenza ma va oltre. Non è quantitativa ma qualitativa e nasce non dalla conoscenza ma dall'intuizione, cioè dalla capacità, per così dire, non di guardare le cose, ma di guardare dentro le cose. Ai dati materiali, che la conoscenza porta alla nostra attenzione, colui che vuole comprendere attribuisce la capacità di rappresentare significati. È come dire che i fatti sono segni che ci parlano. Tocca a noi decifrare le loro parole, più o meno enigmatiche. Così, ad esempio, le «piaghe d'Egitto» secondo la

Bibbia esprimevano l'ira del Signore o l'invito rivolto al popolo d'Israele affinché abbandonasse la terra della sua schiavitù. La comprensione può essere più o meno fantasiosa. Le superstizioni sono comprensioni massimamente bizzarre e presumibilmente inattendibili. Non sanno che farsene di conoscenze, anzi le rifiutano e si affidano a fantasticherie. In altri casi, la congettura può cercare e, magari trovare, prove convalidanti. Per esempio, partendo dalla conoscenza dei fatti del giacobinismo del 1793-94 o delle «purghe» staliniane degli anni '36-38 del secolo scorso, li si può comprendere e ipostatizzare secondo la massima «le rivoluzioni divorano i loro figli». Si tratta pur sempre di congetture più o meno persuasive, condizionate da pre-comprensioni che non hanno la consistenza dei fatti, ma che possono essere suffragate da determinati fatti, a loro volta «compresi» in vista di qualche altra comprensione conclusiva. La riflessione sul fascismo degli storici, dei sociologi, dei politologi, dei politici e degli psicologi è un esempio perfetto di che cosa significa comprendere e di quante, inesauribili possibilità la comprensione può contenere. A partire dai fatti conosciuti, si è diramata una quantità impressionante di interpretazioni, cioè di comprensioni. Esemplificativamente: il fascismo come crisi morale derivante dall'arretratezza della società di fronte alle sfide della modernità; come ultimo stadio del capitalismo minacciato dal socialismo; come rivincita del ceto medio; come episodio della «guerra civile europea»; come esplosione di nazionalismo; come parentesi nel cammino della libertà o come «autobiografia della nazione»; come ultimo frutto della rivoluzione del 1789 e della deificazione della nazione e dello Stato; come effetto della massificazione; come isteria di massa, cioè come «psicopatia sociale». Sono solo alcune delle «comprensioni», talora complementari, talaltra incompatibili tra loro. Ciascuna di esse si presenta come analisi di fatti e come loro spiegazione. Ma si capisce facilmente che su di esse influiscono pre-giudizi politici, culturali e morali che preludono alla terza fase della conoscenza: il giudizio. O forse, implicitamente, lo sottintendono.

Un altro esempio: la comprensione della Shoah. Che cosa è stata? Una degenerazione, una regressione temporanea dell'anima tedesca, oppure l'effetto di una civilizzazione ancora incompleta? Diversamente, la celebre tesi di Adorno e Horkheimer attribuisce ad Auschwitz l'orribile primato conclusivo della razionalità tecnica, figlia della cosiddetta ragione strumentale[14]. Oppure, s'è detto che la Shoah fu una mera possibilità che è sempre e dovunque in agguato quando si verificano determinate circostanze, come l'impoverimento e la frustrazione del «ceto medio», il mito della grande nazione umiliata e in cerca di riscatto, la mentalità burocratica, la ricerca del capro espiatorio ecc. Oppure ancora, una manifestazione estrema del fondo sadico della natura umana, mai definitivamente sradicato, che ha potuto manifestarsi con caratteristiche estreme in associazione con la mentalità burocratica e con lo sviluppo tecnico-industriale, quali si trovarono allora nel popolo tedesco. Anche a questo proposito, si comprende che ognuna di queste interpretazioni implica diversi gradi di responsabilità degli attori in quella tragedia e diversi antidoti alla possibilità di un ritorno.

La *giustificazione* (o la condanna) presuppone l'inserimento di ciò che si è compreso in una sfera di valori che si distinguono dai fatti e dalla loro visione comprensiva, ma che da essi sono messi in moto. Il mondo dei valori è un mondo di realtà oggettive, o è un mondo interiore che ogni «essere morale» costruisce da sé e per sé? Si può penetrare in quel mondo con il proposito di *insegnare*, oppure si può ragionevolmente cercare di *persuadere*? E, quali sono i mezzi (leciti) della persuasione? Nel campo dei valori è giustificata la pretesa di verità? L'insegnante che giudica si trasforma per ciò in propagandista? Il «cognitivismo dei valori» è possibile o i valori sono oggetto non di conoscenza ma di scelta? Per conseguenza, sono o non sono insegnabili? Sono domande cruciali che «girano» tutte attorno al medesimo problema: la verità (e la falsità) o l'opinabilità dei valori. Gli insegnanti avveduti si rendono conto delle conseguenze delle risposte: solo la verità dovrebbe poter avere accesso al loro insegnamento e il resto dovrebbe essere taciuto o menzionato e condannato come errore. Ma dove condurrebbe l'adesione a una tale convinzione? Questi insegnanti potrebbero iniziare dagli argomenti che Socrate svolge nel *Menone*.

È, tuttavia, difficile immaginare un maestro neutrale rispetto ai valori, ma come si fa a evitare che egli cada nel fanatismo? Che si trasformi in quel genere di maestri ai quali la cattedra non si addice,

> «i profeti, i salvatori o i demagoghi»: a costoro è stato detto: «uscite per le strade e parlate pubblicamente». Parlate cioè dov'è possibile la critica. Nell'aula, ove si sta seduti di faccia ai propri ascoltatori, a questi tocca tacere e al maestro parlare, ed [è] una mancanza di senso di responsabilità approfittare di questa circostanza... Il maestro non è un «capo»[15].

Anche «i valori» presentano molte facce. Anche se alla fine, tra i valori si apre il campo delle decisioni finali, è vero anche che alla decisione non fanatica si arriva attraverso valutazioni comparative che devono essere *spiegate*. Solo tra le spiegazioni il maestro rispettoso della libertà dei discepoli deve muoversi: esplicitamente, apertamente, lealmente, non fanaticamente.

Alternati[illegible]

Più [illegible]que altra attività, il magistero – q[illegible]e ne sia il campo, tecnico, scientifico, culturale, morale, religioso – ha questo di particolare: pretende di incidere su altri. Insegnare significa lasciare un segno. Comprendiamo quanto grande sia la responsabilità del maestro. Le sue parole e i suoi comportamenti esemplari possono diffondere conformismo o libertà dello spirito; remissività o indocilità; conoscenza o educazione; rispetto o intromissione nella sfera morale; amore o ostilità rispetto alla critica e alla controversia; scetticismo, criticismo e dogmatismo; intellettualismo o pragmatismo; impegno o evasione; estetismo o energia; amore o disgusto del conoscere; giudizio o giustificazionismo, fanatismo. Sono tutte cose che abbiamo incontrato lungo questo capitolo occupandoci dei dilemmi dell'insegnare e, corrispondentemente, dell'apprendere dall'insegnamento; tutte cose che sono in realtà domande alle quali chi s'appresta a insegnare deve risposte.

Tuttavia, che cosa significhi insegnare, cioè «porre un segno», è tutt'altro che chiaro. Anzi, è un mistero. Come si forma, dove si deposita e come si trasmette la conoscenza? Molti di coloro che si sono occupati di insegnamento e pedagogia si sono posti il problema, in termini filosofici o pratici. C'è un modo di aff[illegible] la questione dicendo che conoscenza [illegible] niscenza. È la prospettiva platonica, talmente nota da non doversi spendere parole, se non per dire che il maestro deve andar cercando di far venire fuori ciò che già si sa, sia pure allo stato inespresso. Maieutica, dunque. Il maestro è un estrattore o, se si vuole dire così, è chi sconfigge la dimenticanza, l'inconsapevolezza o la pigrizia e permette alle potenzialità conoscitive inespresse o represse di emergere. L'allievo sarebbe il maestro di sé stesso e il maestro, come di solito lo si concepisce, sarebbe solo un facilitatore. Se una cosa egli può insegnare è solo un metodo, il metodo dialogico. Non solo non dovrebbe proporsi di insegnare alcunché; anzi, il miglior maestro, paradossalmente, sarebbe quello che, a priori e al di fuori dell'esercizio maieutico, non ha nulla da insegnare; quello che, socraticamente, sa di non sapere. Socrate, infatti, inizia normalmente i suoi dialoghi non con una affermazione, ma con una domanda. Ma, cosa importantissima, sa come fare a cercar di sapere qualcosa. E, altra cosa importantissima, è colui che è disposto, lui stesso, ad apprendere dialogicamente, cioè a essere maestro nel metodo, ma anch'egli allievo nei contenuti.

C'è poi il modo opposto, l'imposizione. Non emersione, ma schiacciamento, come se la mente, la coscienza, le passioni debbano essere inscritte su una tavoletta di cera manipolabile da qualcuno dal di fuori, da quelli che si chiamano strizzacervelli. Chiameremmo forse maestri coloro che, nelle scuole, usano le sanzioni, morali o corporali, per piegare e imbottire gli allievi; oppure nei regimi totalitari, sono incaricati del «lavaggio dei cervelli», con la propaganda ossessiva, martellante, oppure con trattamenti della mente nelle cliniche psichiatriche?

Ritorniamo per un momento all'insegnamento come mezzo per suscitare ciò che già è implicito nell'animo del discepolo, ma con una piccola variante che è espressa nella celebre immagine del vaso da riempire o del fuoco da accendere. La possibilità che il fuoco si accenda non presuppone che «si sappia già», ma che «si desideri sapere». L'insegnamento vale soltanto a mettere in movimento il desiderio quiescente, fornendo «semi da sviluppare». Senonché, quando si dà fiducia all'introversione, non possiamo sapere che cosa ciascuno di noi trova in sé stesso o, per usare l'ultima immagine, qual è la qualità della legna da ardere. Diciamo: desiderio di sapere, ma sapere perché e per che cosa? La libertà del conoscere trova la sua incomprimibile possibilità di orientarsi nelle più diverse direzioni, e solo l'aprioristico credito concesso alla «natura buona» dell'essere umano può giustificare la fiducia illimitata negli esiti di questa introspezione. Lo sapevano bene i moralisti cattolici e i pedagoghi del passato e gli ideologhi del presente. I primi aborrivano l'idea della diffusione della conoscenza nelle classi popolari e quindi, ancora fino al Novecento (con il papa Pio XI), si opponevano all'«empia» libertà di insegnamento e all'istruzione diffusa, preferendo il catechismo; i secondi aborrono l'insegnamento e l'apprendimento, e preferiscono l'indottrinamento.

Qui, il maestro ha una responsabilità, ch'egli deve assumersi pur nel rispetto della libertà dei discepoli. Rendere consapevoli degli esiti, questo pare essere il compito: mostrare dove conducono concretamente, nell'azione conseguente, le idee che troviamo dentro di noi. Occorre uscire dall'interiorità, dove certe idee possono apparire belle e giuste, e farne vedere le implicazioni che possono apparire orrende e ingiuste. Qualunque cosa può essere giustificata razionalmente; ogni cosa è duplice, abbiamo visto, e l'una e l'altra può essere teorizzata. Ma se guardiamo alle conseguenze, forse, non è più così: le dottrine tacciono e il senso di umanità può venire alla luce.

Cerco di spiegare con un esempio particolare il corto circuito che le idee generano al contatto con la realtà delle loro concretizzazioni. Il tema della pena di morte è un esempio tra i tanti altri possibili che qualunque lettore può prospettare a sé stesso, come, ad esempio, la guerra, le condizioni dei morenti in stato terminale, l'aborto ecc. Su questi e altri argomenti, una cosa è argomentare in astratto, secondo i grandi principi, un'altra è ragionare dopo aver guardato in faccia la realtà. Con gli opportuni adattamenti, varrebbe in tali casi il motto antico commentato da Erasmo: *dulce inexpertis bellum*[16]. Quando si rimane sul piano ideale, qualunque opinione è valida ed è cosa assai amabile discuterne teoricamente, riuniti in un'accademia o seduti in un salotto, come se si trattasse di un gioco o una tenzone tra idee tutte sostenibili. Gioco o tenzone in cui la vittoria non dipende dalla verità, ma dall'abilità dialettica di chi se ne fa difensore. Pensiamo a questo dato: filosofi e politici della più diversa tendenza, sostenitori dello stato-forte e totalitario oppure dello stato liberale, propugnatori oppure negatori dei diritti umani, individualisti o antindividualisti, hanno teorizzato la pena capitale come giusta e inevitabile prerogativa dello stato e come necessaria accettazione da parte di coloro che sono legati tra loro attraverso un «patto sociale». Forse sorprenderà sapere che a favore della pena di morte si sono pronunciati, per restare nell'epoca moderna e contemporanea, Kant come Hegel e Simone Weil, partendo dai loro diversi punti di vista. Anzi, hanno argomentato la tesi che i criminali hanno non solo il dovere di assoggettarsi alla morte come espiazione dei loro crimini, ma addirittura hanno il diritto di ottenerla. Inutile dire che, al contrario, da duecento anni almeno si sono sviluppati movimenti «abolizionisti» che hanno ottenuto notevoli, ma parziali successi in tutto il mondo. Conosciamo quanti e quali argomenti hanno dalla loro parte: la sacralità della vita, il precetto «non uccidere», l'accusa di incoerenza mossa a coloro che si fanno difensori del valore assoluto della vita quando invocano la morte degli assassini, ma poi sono disposti a relativizzarlo, per qualche motivo (la retribuzione del male con il male, la vendetta, la dissuasione tramite il terrore della pena, la purificazione del corpo sociale ecc.). Non di questo si può trattare qui. Qui, invece, diciamo che tutti questi argomenti sono verificabili o falsificabili con i discorsi, ma passano in secondo piano quando si prende conoscenza della *esperienza*, cioè di che cosa significa *in concreto* l'esecuzione: l'attesa, spesso per diversi anni, del momento fatale, i preparativi, l'ultima cena, la lugubre camminata verso il patibolo, la tecnologia della morte, la testa che scoppia nella consapevolezza dell'ora e delle modalità della propria fine; i contorcimenti degli ultimi istanti ecc. Di tutto ciò bisognerebbe essere consapevoli, prima di discutere in teoria. *Dulcis inexpertis poena capitalis*[17].

Note

[1] A. de Tocqueville, *La democrazia in America*, libro II, cap. VII, *Influenza della maggioranza sul pensiero*, Milano, Rizzoli, 1992, p. 260.

[2] N. Bobbio, *Libertà e potere*, in *Politica e cultura*, Torino, Einaudi, 1954, p. 281.

[3] Così J. Bali, V. Franzinetti e S. Levi Della Torre, *Il forno di Akhnai. Una discussione talmudica sulla catastrofe*, Firenze, Giuntina, 2010, p. 43.

[4] H.G. Gadamer, *Ermeneutica e metodica universale*, Torino, Marietti, 1973, p. 130.

[5] F. Dostoevskij, *Ricordi dal sottosuolo*, Milano, Adelphi, 1995, p. 17.

[6] Th. Mann, *Tonio Kröger* (1903), trad. it. in *Romanzi brevi*, Milano, Mondadori, 1989, pp. 92 ss.

[7] P. Bourdieu, *Lezione sulla lezione* (1982), Genova, Marietti, 1991, p. 9.

[8] P. Levi, *I sommersi e i salvati*, ora in *Opere*, vol. I, Torino, Einaudi, 1987, p. 674.

[9] W. Benjamin, *Sul concetto di storia*, tesi IX, in *Opere complete – Scritti 1938-1940*, Torino, Einaudi, 2006, p. 417.

[10] M. Bloch, *Apologia della storia*, Torino, Einaudi, 1950, p. 123.

[11] B. Bruneteau, *Il secolo dei genocidi*, Bologna, Il Mulino, 2006.

[12] P. Portinaro, *L'imperativo di uccidere*, Roma-Bari, Laterza, 2017.

[13] F. Nietzsche, *La nascita della tragedia. Prefazione a Richard Wagner*, § 7, Milano, Adelphi, 1978, p. 60.

[14] M. Horkheimer e T.W. Adorno, *Dialettica dell'Illuminismo* (1947), Torino, Einaudi, 2010.

[15] M. Weber, *La scienza come professione*, in *Il lavoro intellettuale come professione* (1918), Torino, Einaudi, cit. p. 29.

[16] Erasmo da Rotterdam, *Adagia. Sei saggi politici in forma di proverbi*, Torino, Einaudi, 1980, pp. 196 ss.

[17] Nell'infinita letteratura, e in questa chiave concreta, A. Camus, *Riflessioni sulla pena di morte* (1957), Firenze-Milano, Giunti-Bompiani, 2018.

III.

Maestri e discepoli

Exousìa

L'ascendente del maestro sui discepoli è una manifestazione di autorità. *Augere* significa accrescere. Abbiamo usato all'inizio l'immagine dell'ascesa. Questo concetto è espresso a proposito di Gesù di Nazareth con la parola *exousìa*, composta da due concetti: essere (*ousìa*), al di là, oltre (*ex*). Il significato di questa eccedenza è vario: può essere facoltà fuori del comune, autorizzazione, libertà, arbitrio, potere, potenza, arroganza: parole diverse che possono alimentare riflessioni a loro volta diverse. Il maestro in ogni caso è tale in quanto si manifesta possedendo caratteristiche riconosciute che lo distinguono dalla medietà e gli assegnano una qualche forma e misura di preminenza, di autorità. È una guida e, per questo, la sua legittimità e la sua innocenza sono sempre da mettere in questione. Crescere sì, ma si può crescere in molti modi e in molte direzioni: si può crescere nella virtù, ma anche nel vizio; nel bene, ma anche nel male. Chi decide? Questa alternativa, volente o nolente, rientra tra i problemi che il maestro deve sciogliere prima di presentarsi ai discepoli.

Chi si consegna a un maestro «gli affida l'anima», dice Platone nel *Protagora* (312a), aggiungendo un paragone tra l'anima e il corpo:

> Sai tu a che rischio vai a esporre la tua anima? Se tu dovessi affidare il tuo corpo a qualcuno col pericolo che ti diventi buono o cattivo, penseresti a lungo se ti conviene d'affidarglielo o no, chiameresti a consiglio i tuoi amici e parenti, ci rifletteresti su molti giorni...

Ecco un modo per indicare l'intreccio di bene e di male che può stare nel rapporto tra il maestro e il discepolo. Non può esistere maestro senza autorità. Il maestro che non aspira a essere *auctor* è un maestro fallito. Chi ripete il senso comune e consolida l'ortodossia e il conformismo non è un maestro, ma un altoparlante. Il maestro è dunque un irregolare, fuori delle regole, onde è difficile trovarne due uguali.

Claudio Magris ha aggiunto: un irregolare che cerca una regola, una regola che può essere in contrasto con quella costituita. Il dubbio è assillante e, come si è già mostrato, non è debolezza ma forza. È un critico, uno che mette a nudo, un «provocatore» – Socrate diceva di sé: un tafano – che, attraverso connessioni nuove, unioni di tempi, di luoghi, di pensieri, di storie, di persone, crea continuità, contiguità, ma anche divisioni, rotture: non, però, per il gusto delle macerie. La distruzione in certe epoche e presso certi spiriti esercita fascino ma, se resta tale, è fascino del nulla. Il nichilismo può essere un atteggiamento estetizzante raffinato che abbaglia i *dandies*, ma non ha a che vedere con il magistero. Stavrogin, il nobilissimo principe Nikolaj Vsevolodovič, il sole nero di *I demoni* di Dostoevskij, è la raffigurazione letteraria più potente del fascino del nulla. Può fare proseliti, ma d'una causa vuota. Il maestro è un costruttore che riallaccia fili dispersi in modo nuovo; è un «filo» a sua volta, cioè uno che cerca di essere e creare una continuità: può torcersi, ritorcersi, annodarsi, sciogliersi, ma non deve spezzarsi. I saltimbanchi, i modaioli, i voltagabbana non saranno mai maestri, nemmeno nei «singoli momenti» della loro storia personale, perché per il maestro la vita è un percorso continuo, non la somma di singole esperienze, di singoli momenti separati l'uno dall'altro. Questo spiega la preoccupazione degli opportunisti di giustificare e, in qualche modo, rivendicare comunque il proprio passato, cercando di ristabilire improbabili continuità in quelli che sono invece veri e propri salti di carreggiata. L'integrità del magistero è dunque una sua condizione, incompatibile con l'ipocrisia. Chi è stato riconosciuto maestro non assume l'obbligo della fissità, ma, a pena di tradimento dei discepoli, è gravato dall'obbligo della giustificazione e dell'umiltà di saper riconoscere i propri sbagli.

Anima politica

Consideriamo, tuttavia, l'ambiguità di cui la potenza del maestro è rivestita. Si comprende facilmente ch'essa, di per sé, è ubiqua e s'indirizza dove vuole. Può portare doni, ma anche sciagure. Questo è il tema del «maestro buono» (Mc 10, 17) e del «cattivo maestro». La forza dell'uno e dell'altro non si avvale di mezzi fisici, ma dell'influenza spirituale, influenza conformativa dell'essere altrui che alla lunga è assai più efficace della forza materiale, che si spegne non appena ha cessato d'essere esercitata. Essendo indocile, è pericolosa: così pensano coloro che affidano loro la funzione addomesticatrice, utile a predisporre i sudditi all'ubbidienza. I maestri si trasformano in ministri della «religione dei preti» (secondo la definizione di Rousseau nel testo citato poco dopo) o delle ideologie politiche.

Esempio della forza addomesticatrice della «religione di chiesa» nel campo politico è l'alleanza del principe e dell'altare, così esaltata, per esempio, da Giovanni Botero, teorico secentesco della «ragion di Stato»:

Tra tutte le leggi non ve n'è più favorevole a' Principi, che la religione christiana; perché questa sottomette loro, non solamente i corpi, e le facoltà de' sudditi, dove conviene, ma gli animi ancora, e le conscienze; e lega non solamente le mani, ma gli affetti ancora, e i pensieri[1].

Esempio della «religione civile» è il culto della Dea Ragione o dell'Essere Supremo che la Rivoluzione in Francia cercò d'introdurre e imporre tra il 1792 e il 1794, anticipata da Rousseau con queste parole:

Esiste una professione di fede esclusivamente civile i cui articoli spetta al Sovrano di stabilire; non come dogmi religiosi, ma come sentimenti di socialità senza i quali è impossibile essere buoni cittadini né sudditi fedeli. Pur non avendo il potere d'obbligare alcuno a creder loro, [il Sovrano] può bandire dallo Stato chiunque non creda, non in quanto empio, ma in quanto asociale, in quanto incapace di amare sinceramente le leggi, la giustizia e d'immolare, a la bisogna, la propria vita al proprio dovere. E se qualcuno, dopo aver riconosciuto pubblicamente questi tali dogmi, si comporta come non li creda, sia messo a morte, avendo commesso il crimine più grande, avendo mentito davanti alla legge[2].

Un certo tipo di «maestri» è indispensabile ai regimi autoritari per inculcare, per indottrinare e, dunque, per conformare pensieri e azioni, fino a giustificare la repressione dei devianti, eretici o ribelli. Tuttavia, questi propagandisti delle ideologie del potere, da maestri si trasformano in ministri (nel senso indicato sopra).

Il potere costituito ha i suoi maestri costituiti, preti e ministri. Anche il governo costituendo che hanno in mente i riformatori e i rivoluzionari, cioè tutti coloro che non si accontentano dello *status quo*, ha bisogno dei suoi maestri. Questi secondi, anzi, sono più necessari dei primi. L'autorità dei maestri è plasmatrice dell'interiorità, una dimensione dell'essere umano che si nutre, si modifica e promuove i tempi favorevoli ai cambiamenti. È come un germe. E, come «qualunque germe, messo in condizioni felici di sviluppo, ha la potenza di raggiungere per virtù della sua natura il fine conveniente, così il germe d'una pianta come quello degli animali domestici, delle fiere, degli uomini» (Platone, *Leggi*, 766). Tra i germi che covano nell'essere umano ci sono quelli della remissività e della ribellione. Per questa ragione, il controllo dell'educazione a partire dalla più tenera età, anzi già nel ventre materno, è una funzione tra le più importanti d'ogni regime politico che ha da temere dalla libertà. Ciò spiega l'aspirazione dei poteri costituiti a trasformare i maestri in propri ideologhi, umiliandoli con promozioni, onorificenze e allettamenti d'ogni genere; in generale, «istituzionalizzandoli». Il maestro istitituzionalizzato fa parte di una struttura, l'istituzione, che è fatta apposta per controllare e indirizzare la sua libertà. Le istituzioni reprimono, anche se in contraccambio garantiscono sopravvivenza materiale e visibilità. Oppure, quando non basta la corruzione della libertà bene accetta dagli spiriti deboli, la diffidenza dei poteri costituiti nei confronti dei maestri si manifesta in certi casi con la persecuzione fisica, in altri con la tacitazione e l'esclusione dalla cerchia di coloro che possono partecipare alla formazione della cultura ed esercitare influenza. In generale, si manifesta tramite la creazione di istituzioni pubbliche – ministri del buon costume e della cultura, censori, curatori dell'educazione, «linee-guida», obbiettivi didattici che spesso sfiorano il ridicolo (sapere, saper fare, saper essere addirittura ecc.) – con il compito di programmare l'insegnamento, tenerlo sotto controllo, regolarizzarlo, spegnerlo, burocratizzarlo. La burocrazia è l'aspirazione di tutti i «regimi» che nasce come conseguenza dell'ostilità nei confronti di chi esercita liberamente una funzione magistrale.

Con quale autorità?

Se di nuovo qui ci riferiamo a testi biblici, è perché essi costituiscono – come è stato ben detto – «il bassorilievo dell'umanità». Nel capitolo 23 (10-12) del Vangelo di

Matteo, subito prima delle maledizioni scagliate contro scribi e farisei, i maestri di quel tempo, leggiamo che Gesù fa divieto ai suoi discepoli di farsi chiamare a loro volta maestri (*didàskaloi*, parola che indica coloro che possiedono un messaggio, una rivelazione), poiché uno solo è maestro ed essi sono tutti fratelli, e aggiunge di non farsi chiamare dottore, precettore (*kateghetés*), «poiché uno solo lo è, il Cristo». Leggiamo anche, di seguito: «il più grande tra voi sia vostro servo» (*diàkonos*). A parte le sfumature di significato di termini variamente traducibili e tradotti, ciò che interessa qui è lo sconcerto del potere religioso, sommi sacerdoti e anziani, sconcerto che si risolve in contestazione dell'insegnamento di Gesù (Mt 7, 29 e 21, 23; Mc 1, 21-22; Mc 11, 28; Lc 20, 2): egli, infatti insegnava come «uno che ha autorità» (*exousìan echòn*), non come uno scriba (*grammateus*). «Con quale autorità fai questo? Chi ti ha dato questa autorità?»[3]. Non risultava che Gesù, figlio d'un falegname, nell'annunciare il suo nuovo messaggio, nel compiere prodigi con grande seguito di popolo e nel perdonare i peccati, potesse vantare una qualche abilitazione ufficiale. Gli scribi, invece, esercitavano un'autorità legittima la cui ortodossia era assicurata dall'approvazione da parte delle autorità religiose. Privo di riconoscimento ufficiale da parte delle potenze di quaggiù, Gesù doveva essere trattato come un sovversivo, come un «seduttore» (*planos*). La seduzione era il delitto che i sinedriti, insieme alla bestemmia, imputarono a Gesù (Mt 27, 63; Gv 7, 12 e 47). Sedurre, letteralmente, è lo sviamento che allontana (*se-ducere*) dalla retta via: seduzione che sconfina nella sovversione. Gesù, a sua volta, ribatte ponendo un'alternativa con la domanda: l'autorità di Giovanni il Battista (e, quindi, anche la sua) viene dal cielo o dagli uomini? (Lc 20, 2-8). Questa domanda per vari motivi era insidiosa e restò senza risposta, il che offrì a Gesù il motivo per non svelare «ancora» l'origine della sua autorità. Dopo di che, ignorando la questione, «[ri]prese a dire al popolo» parlando in parabola.

Questo racconto, spogliato della sua sacralità, è rilevante nella nostra riflessione sul maestro, i discepoli e il loro rapporto: la contrapposizione tra investitura burocratica e consenso popolare, il carattere regolare o irregolare e la natura dell'ascendente del maestro del quale «le anime» si fidano e al quale si affidano.

Come si formano e si sformano i maestri...

All'inizio della *Lezione sulla lezione* che è stata già ricordata, Pierre Bourdieu parla della funzione legittimante e, per così dire, tranquillizzante, delle istituzioni:

si dovrebbe poter svolgere una lezione senza chiedersi con quale diritto lo si fa. L'istituzione è fatta apposta per eludere tale domanda e, con essa, l'angoscia collegata all'elemento di arbitrarietà insito nell'atto di incominciare [...] Il professore è autorizzato a parlare con autorità e può inserire le sue parole in un discorso legittimo, pronunciato da chi ha il diritto di pronunciarlo.

Con il «consesso dei sapienti che fisicamente o idealmente gli sta intorno» egli opera lo scambio che lo legittima. Questo è il modo in cui, consciamente o inconsciamente, i professori si sentono autorizzati a insegnare per il sol fatto di avere vinto un concorso o essere stati cooptati in qualcuno dei posti e delle funzioni accademiche. In breve: questo è il «maestro istituzionalizzato», quello che «elude la domanda» (Bourdieu, da parte sua, non la elude affatto e la pone innanzitutto a sé stesso). Ma, ci sono maestri che non sanno che farsene dell'istituzione per legittimarsi. Anzi, possono percepirla come una camicia di forza fatta di programmi predisposti, asfissianti adempimenti burocratici nei linguaggi pseudo-pedagogici ministeriali, inutili relazioni e verifiche, controlli, corsi di «aggiornamento», incentivi ecc. Possono averne bisogno, e dunque sopportarla, per forza maggiore, cioè per ragioni di sopravvivenza materiale, non certo per giustificare la propria autorità.

L'autentica autorità del maestro, infatti, deriva dagli allievi. Sono loro che gliela conferiscono. Non è l'istituzione. Quanti insegnanti incontriamo nelle scuole privi di autorità e, viceversa, quanti maestri che esercitano il loro magistero senza bisogno di parlare da cattedre autorizzate. Non esistono maestri senza allievi. Sarebbe una contraddizione in termini. Se non c'è maestro senza allievi, vale anche il contrario: non ci sono allievi senza maestri. Gli uni hanno bisogno degli allievi, e viceversa. Queste proposizioni sono ovvie. Meno ovvie sono le possibili conseguenze, a incominciare da quelle che riguardano i maestri.

Se guardiamo agli infinti omaggi che gli allievi tributano ai loro maestri[4] ricaviamo l'idea che la materia della riconoscenza siano i doni ricevuti. C'è un grande spreco di retorica in proposito: il maestro sarebbe colui che colma di regali i suoi prescelti, gli allievi. Naturalmente, regali immateriali come idee, suggerimenti, insegnamenti. Si può dubitare, tuttavia, che in questo modo si stabiliscano legami virtuosi. La sociologia del dono ha ormai una tradizione e ha mostrato quali rapporti tutt'altro che innocenti si stabiliscano tra le parti in gioco: il dono è espressione di rapporti gerarchici tra donante e donatario e genera pretese di riconoscenza e di ricambio, cioè di gratitudine non disinteressata, non innocente (Lc 14, 12-14). Sarebbe un buon maestro colui che lavora per promuovere questo genere di gratitudine, che potrebbe manifestarsi in tanti modi, non sempre appropriati? Non si può negare che nella frequentazione cui dà luogo il magistero possano nascere sentimenti e affetti, ma non dovrebbe essere come reazione a elargizioni di doni. In più, il buon maestro dovrebbe temerne un'iniqua, anche se involontaria, distribuzione tra i suoi allievi, con le gravi conseguenze che possono derivare negli equilibri tra i componenti della comunità di studio. Di ciò, a tra poco. Qui è da dire che, probabilmente, è più giusto parlare del maestro non come donatore ma, piuttosto, come esempio.

Ma in ciò si annida un pericolo. L'aspirante maestro che mira a crearsi la sua cerchia di discepoli sulla quale costruire la sua fama potrebbe usare la visibilità che gli è conferita dalla cattedra per creare sé stesso come «personaggio» seduttivo. Conosciamo la tentazione dell'eccentricità, dell'autoesaltazione, talora mascherata con espressioni di falsa modestia, e dell'esibizione pubblica alla quale non infrequentemente cede chi si atteggia a maestro. Traggo solo un piccolo esempio dal mio campo di studi. Il grande giurista Hans Kelsen, nella sua *Autobiografia*, riferisce del suo incontro a Heidelberg con Georg Jellinek, certo uno dei massimi studiosi del diritto pubblico a cavallo tra il XIX e il XX secolo, e lo racconta così:

Era circondato da un impenetrabile gruppo di allievi adoranti, che lusingavano in modo incredibile la sua vanità. Ricordo ancora la relazione di uno dei suoi studenti preferiti, costituita quasi esclusivamente da citazioni degli scritti dello stesso Jellinek. Dopo quella riunione potei accompagnarlo a casa e, cammin facendo, mi chiese che cosa ne pensavo di quella relazione. Io rimasi molto sulle mie e Jellinek ne fu visibilmente irritato. Affermò che era stata una relazione eccellente e predisse un grande futuro accademico al suo autore: ma questi [aggiunge Kelsen maliziosamente] nel corso della sua carriera accademica, ha prodotto soltanto pochi scritti mediocri[5].

Ecco il ridicolo del rapporto malato tra l'umana pochezza all'ombra della megalomania. Quello sopra citato è solo un piccolo episodio di miseria accademica. Ma, spostandoci ad altro campo, il campo del magistero politico, il quadro, da ridicolo, può farsi tragico. Il rapporto fideistico col maestro, depositario di una verità ch'egli solo conosce, può condurre a catastrofi che annullano la personalità dei deboli e, quando esso entra in crisi, conduce perfino alla follia, al suicidio o all'omicidio. In *I demoni*, Fëdor Dostoevskij ha descritto con grande forza e sottigliezza queste derive psicologiche che portano al plagio, al tradimento, al delitto, quando viene a istituirsi un rapporto di malato fanatismo e dipendenza dal capo. Si tratta del principe Stavrogin, presunto depositario della verità rivoluzionaria, e Verchovenskij figlio, nevrotico e debole capo di «quintetti» rivoluzionari nella Russia zarista.

La tentazione di chi s'impalca a maestro è la monumentalità, cioè la costruzione di sé stesso come «grand'uomo» e della propria esistenza come «opera d'arte» o come «auto-citazione». È una tentazione potente che in qualcuno (Gabriele D'Annunzio, per esempio) prende corpo in ridicola autolatria, in rivalità e invidie talora meschine: Salieri e Mozart, Goethe e Beethoven, forse Schumann e Brahms, Nietzsche e Wagner, Schopenhauer e Hegel, Freud e Jung, Freud e Viktor Tausk. Sono storie molto diverse, talora tragiche, fatte di orgoglio, suscettibilità, competizione di vario tipo, compresa la rivalità amorosa (Bettina, Clara, Cosima, Sabine, Lou Andreas) ma, se le si cita in coppia è perché esse bene rappresentano la difficile convivenza tra coloro che si considerano «grandi uomini». Uno dei due deve soccombere all'altro, per convincersi che non c'è chi possa dare ombra. La vanità è il pericolo al quale più facilmente sono esposti coloro che fanno della propria stessa esistenza l'oggetto di una «lezione» da consegnare ai posteri. Max Weber, nella già citata conferenza su *La scienza come professione*, stigmatizzava così il pericolo del narcisismo:

Egregi ascoltatori! Nel campo dell'attività intellettuale ha una sua «personalità» solo chi serve puramente il proprio oggetto. Non è certo una «personalità» colui il quale, al modo di un impresario, porta sé stesso alla ribalta insieme con l'oggetto a cui dovrebbe dedicarsi[6].

La tentazione è di volersi presentare come espressione di un'esperienza di vita eccezionale, degna d'ammirazione:

Come dimostrerò – si chiede il maestro che ama sé stesso più della sua opera – di essere qualcosa in più di un semplice «specialista»; come riuscirò a dir qualcosa che non sia ancora stato detto da nessuno nella stessa forma o con lo stesso contenuto? Un fenomeno, questo, che lascia ovunque un'impronta di meschinità, avvilendo colui che si pone una simile domanda, mentre soltanto l'intima dedizione al proprio compito può innalzarlo all'altezza e alla dignità dell'oggetto che egli pretende di servire.

D'altra parte, la fama di chi è assurto al rango di maestro è ricambiata da invidia, malanimo, insinuazioni in un crescendo che può giungere all'odio, in proporzione diretta al successo che i granduomini riescono a raggiungere. Va da sé che tutto è mascherato dall'ipocrisia dei gentiluomini. Di questo fenomeno tipico in tutti i campi in cui esiste il successo e la competizione, tra i quali eminente è il campo in cui si confrontano i maestri, un'eccellente testimonianza è l'intero libro di Marcel Reich-Ranicki, critico letterario autorevole e caratteraccio di prim'ordine[7]. Il mondo dei maestri è quello dove, insieme a elevati pensieri, regnano anche meschini sentimenti.

In questa aggrovigliata rete di rapporti, sovente malsana, si svolge la vita del maestro troppo attento alla costruzione e alla difesa della propria figura. Una vita stressante in cui hanno parte esagerata lodi e critiche. Quanto alle critiche, non c'è forse categoria più permalosa di quella di cui stiamo parlando. Secondo l'etica socratica, ogni critica può essere un bene per cui provare gratitudine, perché ti dà l'occasione di liberarti di un errore, cioè di un male. Invece, normalmente è causa di offensione perché incrina l'immagine magistrale che hai di te e che vuoi trasmettere agli altri. Le lodi, invece, non sono soltanto gradite, ciò che è comprensibile; sono accanitamente ricercate anche quando non hanno nessuna conseguenza concreta se non come gratificazione e conferma dell'autostima. È il caso delle onorificenze e della cooptazione in qualche «accademia», a incominciare dalla più antica, i «Lincei»; anzi, quando le hai ricevute spesso te ne dimentichi o le trascuri per mancanza di tempo. Comunque, esse creano reti di scambio di alta considerazione: nel libro appena citato di Reich-Ranicki, si dice ironicamente che la stima che un maestro nutre per il suo collega, così come la stima d'uno scrittore per il critico letterario, dipende da ciò ch'essi dicono e scrivono di lui. Gli scambi di cortesia non sono rari, da generazioni è ripetuto il motto: «paragonami a Schiller, e io ti paragonerò a Goethe»[8]. Noi possiamo aggiungere: i riconoscimenti hanno valore non solo in andata, da chi li elargisce a chi li riceve, ma anche di ritorno: hai capito che era ora di premiarmi? Vuol dire che sei uno che sa il fatto suo, che anche tu, come me, sei persona di valore.

L'autocomprensione del maestro è dunque un ginepraio di presunzioni e fragilità di questi generi. In tale groviglio si inseriscono gli allievi.

... e gli allievi

L'altra faccia del magistero sono gli allievi. Dato il rapporto di reciproca implicanza, tanto i maestri «fanno» gli allievi, quanto gli allievi «fanno» i maestri. Fanno e disfanno: non ci sono garanzie. Per entrare nella cerchia degli allievi (e per non uscirne), occorre conquistare la benevolenza e la fiducia del maestro. Non c'è bisogno di sprecare parole per comprendere come questo rapporto possa basarsi sulle più nobili ragioni, come la comune passione per l'apprendimento, la scoperta, la scienza e la cultura, ma anche su ragioni diverse. Dipende dalla tempra tanto degli aspiranti allievi quanto dell'aspirato maestro. Ma ci sono anche coloro che si danno da fare per essere accreditati e potersi fare vanto d'essere allievi di cotali maestri, contando sulla loro protezione. Credendo di poter brillare di luce riflessa, sfiorano talora la piaggeria e il servilismo. Tra allievi, perfino si nota la lotta per la primogenitura, la ricerca di segni di predilezioni rispetto ad altri allievi. Nelle dinamiche interne alla cerchia degli allievi non troviamo soltanto la comune devozione al maestro, ma anche gelosie, invidie, maldicenze, sospetti e tentativi di accreditarsi come i preferiti e poi, alla fine, come gli eredi autorizzati della scuola. «Chi è il più grande tra noi» (Lc 22, 24): perfino i discepoli del Maestro dell'Evangelo si arrovellavano su questa domanda e Giovanni (Gv 13, 22 e 26) non resistette alla tentazione di suggerire che il più grande fosse proprio lui stesso, «colui che Gesù amava».

D'altra parte, il rapporto personale maestro-allievo e allievo-maestro è fragile, esposto a vicissitudini con esiti talora catastrofici. Quando finisce, si usano parole come «rottura» o «tradimento», parole che esprimono quanto è sottinteso: il rapporto di fedeltà che implica la pretesa del maestro che l'allievo resti sempre solo allievo, rimanga sotto la soglia e non voglia a sua volta diventare maestro. Un esempio: Husserl e Heidegger. L'allievo infedele è considerato dal maestro un traditore e, reciprocamente, anche il maestro che ripudia l'allievo, magari per fare posto a un altro o perché, in un ambiente tanto competitivo come è quello popolato da intellettuali, teme di essere surclassato. Entrambi hanno stabilito un patto che assegna potere all'uno sull'altro. Quando il rapporto si consuma e il patto diventa pericoloso o oppressivo non c'è solo la fine, ma la distruzione del maestro da parte dell'allievo oppure dell'allievo da parte del maestro. È come un ripudio per indegnità. Quando il ripudio è, come di solito, soltanto unilaterale, è causa di dolore i cui effetti possono essere tragici in soggetti deboli. Valga la storia di Viktor Tausk, già menzionato genio brillante della psicoanalisi, studioso di paranoia e schizofrenia, allievo di Freud e da questi ripudiato quando, s'è detto nel loro ambiente, il successo del primo rischiava di oscurare la fama del secondo. Umiliato in vario modo, si annodò al collo il cordone di una tenda e si sparò alla tempia: un caso di disperazione per l'abbandono del maestro. A una lettera lasciata dal suicida e indirizzata per l'appunto a Freud, sono affidati gli ultimi disperati e commoventi pensieri d'un amante ripudiato:

Caro professore,

La ringrazio per tutto il bene che Lei mi ha fatto. È stato molto, e ha dato un senso agli ultimi dieci anni della mia vita. La sua opera è originale e grande e io prenderò congedo dalla vita, cosciente di aver fatto parte di coloro che hanno assistito al trionfo di una delle più grandi idee dell'umanità. In me non vi è malinconia: il mio suicidio è il gesto più sano e decoroso della mia vita fallita. Non ho da rivolgere accuse a nessuno, il mio cuore è senza risentimenti, anticipo solo di un po' la morte naturale [...]. Le auguro con tutto il cuore di prosperare [...]. Spero che Lei viva a lungo, in salute, forte e operoso. La saluto calorosamente. Suo Tausk (La prego, segua anche i miei figli di quando in quando).

Freud, scrivendo a Lou Andreas-Salomé, così commenta il suicidio di quello che era stato suo discepolo:

Il povero Tausk, a cui Lei [Salomé] per un certo tempo ha voluto concedere il favore della sua amicizia, ha messo definitivamente termine ai suoi giorni il 3 di luglio [1919]. Era tornato esaurito dagli orrori della guerra [...] Nella lettera inviata a me professa la sua fede incrollabile nella psicoanalisi, mi ringrazia ecc. Ma è impossibile immaginare cosa ci sia sotto [...]. Devo confessare di non sentire veramente la sua mancanza; già da tempo l'avevo giudicato inutile, anzi una minaccia per il futuro [...] e lo avrei lasciato perdere già molto tempo prima, se Lei non lo avesse innalzato tanto ai miei occhi.

Difficile immaginare qualcosa di più cinico, paragonabile alla meschina freddezza con cui Heidegger avrebbe accompagnato la morte di

Hannah Arendt, l'amante che, da parte sua, malgrado tutto, gli era rimasta legata fino all'ultimo. Quest'ultimo accenno riguarda una vicenda sentimentale, documentata da un intenso carteggio difficile da decifrare, tale è l'impasto di fascinazione, passione, ingenuità, dedizione, sopraffazione, egoismo, meschinità e viltà[9].

Confidenza e intimità

Nessuno, credo, sottovaluterà il significato delle dinamiche emotive e sentimentali che si sviluppano tra maestri e allievi.

George Steiner, nei saggi raccolti sotto il titolo *La lezione dei maestri*, ha messo in rilievo la potenza seduttiva della parola del maestro, maestosa, gerarchica, prescrittiva[10]. Non è strano che in questo rapporto nascano legami che vanno molto al di là dei freddi rapporti professionali e si nutrano anche di scambi erotici, fino a fare dell'eros nella sua valenza perfino sessuale l'*humus* del discepolato, come ad esempio nel celeberrimo *tìaso saffico* di Lesbo, riservato alle fanciulle, o nei tentativi di Gustav Adolf Wyneken – un molto controverso educatore della prima metà del secolo scorso – di impiantare le cosiddette «Freie Schulgemeinden» (libere comunità scolastiche), collegi-convitti riservati ai ragazzi dove una funzione centrale nella formazione degli allievi era assegnata all'«eros pedagogico».

Il desiderio del maestro di piacere al discepolo con la sua personalità può portare allo schiacciamento della personalità di quest'ultimo; il desiderio del discepolo, a sua volta, di primeggiare, di essere il più vicino al cuore del maestro e di compiacerlo a tutti i costi, può finire per distruggerlo trasformandolo in piaggiatore. In entrambi i casi saremmo di fronte a «sformazioni».

La disputa, già ricordata, tra i discepoli di Gesù di Nazareth su chi di loro sarebbe stato il primo nel regno dei cieli, l'auto-presentazione che l'autore del Vangelo di Giovanni fa di sé stesso come «il prediletto», perfino la tragedia di Giuda possono ben essere intese entro la cornice di una patologia erotica sviluppatasi entro la cerchia di un gruppo di seguaci, stretta attorno a un maestro carismatico. Il Cristo, nell'episodio del bacio traditore, si rivolge a Giuda con la parola *etaìros* che non è semplicemente amico (*phìlos*, come invece è chiamato Lazzaro), ma ha una sfumatura di «compagno d'avventura», aderente a una confraternita (*etaireìa* è società cementata da un rapporto esistenziale)[11]. Lo stesso potrebbe dirsi del bacio dato al Grande Inquisitore che, in *I fratelli Karamazov*, conclude il dialogo con Gesù, nella segreta della cattedrale di Siviglia[12].

L'intimità profonda è del tutto naturale quando maestro e allievo fanno esperienza, entrambi congiuntamente e nelle rispettive parti, dell'impegno nella ricerca di verità, di giustizia, di bellezza ecc. Il rapporto tra maestro e discepolo è un rapporto interindividuale concreto, non un rapporto astratto tra individuo e massa. Come si può immaginare che non si crei una qualche forma di fusione spirituale? L'eros nelle tante sue manifestazioni appartiene sempre al mondo dello spirito. Nella massa, la possibilità di discernimento, la responsabilità, la differenziazione non solo dagli altri ma soprattutto da sé stessi per come si era in precedenza – tutti presupposti del rapporto tra il discepolo e il maestro – sono impossibili. Nel rapporto magistrale, ognuno ha da imparare dall'altro, non solo nel pensiero ma anche nell'esperienza. Lo sappiamo bene: il maestro, se è solo, è esposto al pericolo di anchilosarsi in sé stesso e il rapporto con il discepolo, che appartiene a un'altra generazione, l'aiuta a svecchiarsi, a guardare il mondo con occhi che si rinnovano, a riscoprire continuamente l'essenza della funzione ch'egli deve svolgere. *Lettera a una professoressa*, un libro scritto da studenti della scuola di Barbiana di Lorenzo Milani, è un esempio che è stato famoso a suo tempo (1967) e che dimostra l'aridità e l'infecondità dell'insegnamento, quando non è alimentato dal coinvolgimento emotivo. Presso i più giovani si trova spesso la capacità di capire se c'è autenticità in chi pretende di insegnare a loro, se egli è impegnato davvero in quel che dice, o se semplicemente racconta delle storie. Il dono dei discepoli al maestro è un poco di *naïveté* sempre di nuovo necessaria; al contrario, essi sono aiutati a dare profondità al loro modo di vedere le cose della vita. Si può creare un'osmosi felice che annulla le distanze tra le età della vita, pur rispettando il loro giusto ruolo reciproco.

Il rapporto di cui parliamo non è un gioco, un'esibizione mondana; non è cosa da salotto o da *boudoir*. È cosa assai più impegnativa e, talora, rischiosa che implica modi di vivere, pensare e operare, e può degenerare in «circoli» iniziatici con i loro rituali e simboli di appartenenza. L'intimità unisce gli eletti e, al contempo, li separa dai profani, talora irreversibilmente. Spesso il rapporto tra gli eletti è cementato da obblighi di riservatezza o di segretezza circa la loro esistenza, le loro pratiche, le loro conoscenze filosofiche e scientifiche, le loro esperienze artistiche estetiche e mistiche, i loro intenti politici. Non è necessario spendere parole in esemplificazioni. L'erotismo si riveste di *es*oterismo. È una forma di gnosi, cioè la pretesa di conoscere verità e segreti inaccessibili agli estranei e che non possono essere messi a disposizione di tutti, o perché presuppongono pratiche ascetiche difficili, o perché il loro contenuto sarebbe insopportabile ai più.

L'*es*soterismo è vietato o, almeno, da praticare con molta prudenza. Gli iniziati credono talora di possedere «indicibili segreti», in assoluto o per il momento. Colpisce quanto testimonia il sapientissimo rabbino-filosofo Jacob Taubes circa il suo rapporto con Carl Schmitt: due spiriti apocalittici opposti ma convergenti, rivoluzionario l'uno, reazionario l'altro[13]. Essi, per l'appunto, si sarebbero scambiati un «indicibile segreto», forse l'avvicinarsi del momento finale vaticinato nei testi biblici, il momento dell'inevitabile guerra civile mondiale. Questa è una posizione tipicamente gnostica. Prudenza didattica dimostra invece Gesù di Nazareth, intorno al quale esistevano diverse cerchie di discepoli diversamente disposti a ricevere i suoi insegnamenti, a seconda dei loro diversi strati di profondità. Egli aveva bensì affermato che

> nessuno accende una lampada e la copre con un vaso o la pone sotto un letto; la pone invece su un lampadario, perché chi entra veda la luce. Non c'è nulla di nascosto che non debba essere manifestato, nulla di segreto che non debba essere conosciuto e venire in piena luce (Lc 8, 16-17; Mt 5, 14)

e «quello che vi dico nelle tenebre ditelo nella luce, e quello che ascoltate all'orecchio predicatelo sui tetti» (Mt 10, 26-27). Ma le moltitudini, invece, erano semplicemente attratte dai detti e dagli atti miracolosi di Gesù. La distinzione tra «i dodici» e la folla dei seguaci riguardava però solo l'avanzamento nella conoscenza e non comportava una separazione assoluta. Semplicemente, vi sono alcuni più pronti e altri meno a ricevere l'insegnamento. Per questo, diverse volte i discepoli sono invitati da Gesù a *non parlare ancora, per il momento*, di ciò che avevano visto e udito (Mt 17, 9). Gesù non mira a costruire una comunità iniziatica che include i pochi ed esclude i molti; mira a raggiungere tutti senza trascurare il grado di ricettività del suo insegnamento. Questo è un punto importante, perché ogni volta che si evocano maestri, si incontra l'obiezione: il vostro è l'atteggiamento di chi vuole separare i pochi degni dai molti indegni, dunque un atteggiamento elitario: in definitiva, uno di quegli atteggiamenti che oggi, nel tempo dell'ugualitarismo astratto, contesta i maestri non per ragioni di libertà (come nel caso della Sorbona), ma per ragioni di qualità inverse.

Antidoto

Una qualche misura di *eros* è *in re ipsa*. Tuttavia c'è un limite oltre il quale il rapporto magistrale si guasta. Teniamo sullo sfondo l'immagine da cui sono scaturite queste osservazioni: il cammino verticale, verso l'alto, verso la meta che ci attira e che è – essa sì – seduzione.

Il rapporto tra il maestro e l'allievo cementato dalla comune passione per l'esplorazione dei territori dove essi credono possano trovarsi il vero, il bello, il giusto può portare a un grado d'intimità che non ha nulla da invidiare all'intimità amorosa: intimità per cui cadono le barriere, ci si dice tutto, ci si immedesima completamente l'uno nell'altro. Se l'immedesimazione perde tuttavia il suo scopo e diventa esclusivamente amore del maestro per l'allievo e dell'allievo per il maestro, ecco il guasto che fa perdere la ragion d'essere originaria e sposta il rapporto in una dimensione esclusivamente orizzontale. Dimensione orizzontale è quanto dire rapporto bilaterale in cui l'uno è fine dell'altro. Così, però, si dimentica lo scopo. Lo scopo è ciò che sta oltre, più in alto del rapporto tra i due, il quale è solo un mezzo. Per questo, l'immagine più propria è quella del triangolo, il cui vertice è ciò cui mirano entrambi i cercatori.

Esempio di *eros* del primo tipo (almeno da parte dell'allieva verso il maestro, meno al contrario) fu certamente il rapporto tra Abelardo ed Eloisa e quello tra Heidegger e Hannah Arendt, come testimonia il loro ricco scambio epistolare. La letteratura ci offre anche analisi eminenti di rapporti del secondo tipo:

«le Margherite» di Goethe e di Bulgakov, per esempio. La radice di queste degenerazioni sta nel rapporto meramente bilaterale tra il maestro e il discepolo. Se non è filtrato, reso oggettivo da un terzo fattore comune, esso finisce per ridursi a una relazione ineguale di fedeltà e infedeltà, in cui tutte le deviazioni personalistiche e irrazionalistiche diventano possibili. Soprattutto, si viene perdendo di vista il fine per il quale il rapporto magistrale ha ragione di instaurarsi: la ricerca di qualcosa che sta al di sopra tanto del maestro quanto del discepolo. Se manca questo elemento del triangolo, la persona del maestro diventa l'oggetto dell'attaccamento del discepolo e la persona del discepolo diventa l'oggetto dell'attenzione del maestro. L'amore della verità – usiamo questa parola con la minuscola – viene a essere sostituito dall'autocompiacimento dell'uno attraverso l'altro, cioè da manifestazioni di narcisismo.

A questo proposito, vale la lezione di Socrate, come ci è presentata dal giovane Alcibiade nell'ultima parte del *Simposio*, dove è esposto il rischio della seduzione con le sue devianze anche erotiche. La parola chiave è «compiacere», cioè piacere e dare piacere l'uno all'altro, l'uno con l'altro, il maestro al discepolo, il discepolo al maestro. Ma il compiacere di Socrate è molto diverso da ciò che Alcibiade, irrompendo sulla scena del banchetto, gonfio di vino, in stato di sovreccitazione, racconta ch'egli si sarebbe aspettato dal suo maestro che pur non disdegnava affatto le attenzioni verso la bella gioventù, come il *Carmide* testimonia inequivocabilmente. Il bel discepolo tesse le lodi del maestro, in nome di una conoscenza e di un'intimità esclusive, ch'egli esibisce oscenamente per porsi al di sopra di tutti gli altri: «Non si troverebbe, cercandolo, un uomo fuori del normale simile a costui, sia per quello che lui stesso è sia per i discorsi che fa, né tra i contemporanei, né fra gli antichi». Lo paragona a

quei Sileni esposti nelle botteghe degli scultori, che gli artisti raffigurano con zampogne e flauti in mano e che, aperti in due, mostrano nell'interno immagini di dèi [...]. Quando fa sul serio ed è aperto, non so se qualcuno ha visto i simulacri di dentro; ma io li ho visti una volta, e mi parvero così divini e aurei e bellissimi e mirabili da dover far senz'altro quel che Socrate comanda. Infatti, credendolo preso davvero della mia bellezza, stimai un guadagno e una fortuna meravigliosi che mi si offrisse il destro di far cosa grata a Socrate e udire così tutto quello che egli sapeva, perché ero orgoglioso della mia bellezza, e in che misura!

«Far cosa grata» qui significa concedersi all'amor carnale, come è spiegato nel racconto della notte passata a tu per tu dai due, «a quattr'occhi». La mattina, Alcibiade «dopo d'aver dormito accanto a Socrate l'intera notte, si levò, né più né meno che come se avesse dormito con suo padre o con un suo fratello maggiore». Dunque, una notte d'attesa frustrata dall'ironia di un Socrate perfettamente padrone della situazione, il quale, fattosi mattino, lavatosi il capo, si leva e se ne va al Liceo, per trattenersi a discorrere, come d'ordinario, per tutta la giornata. La tattica socratica consiste nel deviare costantemente da sé le attenzioni del discepolo verso qualcosa di superiore, quel qualcosa – la sapienza e ogni altra virtù – la cui ricerca è la ragione autentica del rapporto tra maestro e discepolo, un rapporto che Alcibiade aveva frainteso o dimenticato.

Ecco il punto: il rapporto meramente bilaterale mette in ombra la sua ragion d'essere, che è la comune tensione verso qualcosa d'altro, rispetto all'essere dei due. Ridurre il rapporto a un «compiacersi» l'uno con l'altro sarebbe il tradimento dello scopo. Anche così, sottraendosi ai «tranelli d'amore» tesigli da Alcibiade, Socrate si dimostra autentico maestro. Egli è mosso dal suo demone, la conoscenza, che lo trattiene dal mescolarsi con le complicazioni e le «bassure» della vita, siano esse quelle della politica o dell'amor carnale.

Note

[1] *Della Ragion di Stato*, Venetia, libro II, «Modi di propagar la religione».

[2] *Contratto sociale*, libro IV, cap. 8.

[3] Sul significato di questa domanda, C. Cohn, *Processo e morte di Gesù. Un punto di vista ebraico* (1997), Torino, Einaudi, 2000, pp. 88 ss.

[4] F. Waquet, *Les enfants de Socrate. Filiation intellectuelle du savoir (XVII-XXI siècle)*, Paris, Albin Michel, 2008.

[5] H. Kelsen, *Autobiografia*, in *Scritti autobiografici*, a cura di M.G. Losano, Reggio Emilia, Diabasis, 2008, pp. 78-79.

[6] Weber, *La scienza come professione*, cit., pp. 16-17.

[7] M. Reich Ranicki, *La mia vita*, Palermo, Sellerio, 2003.

[8] Reich Ranicki, *La mia vita*, cit., pp. 263 e 412.

[9] H. Arendt e M. Heidegger, *Lettere 1925-1975*, Torino, Comunità, 2001.

[10] G. Steiner, *La lezione dei maestri*, Milano, Garzanti, 2004.

[11] Su questo punto rilevante nell'interpretazione della figura di Giuda mi sono soffermato in *Giuda. Il tradimento fedele*, Torino, Einaudi, 2011, pp. 54 ss.

[12] Anche su questo qualche mia osservazione in *Liberi servi. Il Grande Inquisitore e l'enigma del potere*, Torino, Einaudi, 2015, pp. 170 ss.

[13] J. Taubes, *In divergente accordo. Scritti su Carl Schmitt*, Macerata, Quodlibet, 1996, p. 104.

IV.

Tempi difficili

Oggi

Il maestro, s'è detto all'inizio, è ridicolmente anacronistico. Sembra non essercene bisogno, sembra anzi un ingombro che attenta alla libertà e all'uguaglianza. Il maestro, s'è detto anche, è un irregolare. Mai come oggi, le società stressate dalle necessità di sopravvivenza ai numerosi fattori di crisi ch'essa stessa genera e nutre – bisogno che si esprime nel dogma: *non ci sono alternative* – che sottintende: *le alternative, se esistessero, sarebbero tutte catastrofiche* –, richiedono competenze tecniche: sociologi, economisti, politologi, giuristi sono mobilitati per perpetuare l'esistente, correggendolo eventualmente ma sempre per perpetuarlo. Essi operano sotto la «dittatura del presente». Il compito dei tecnici è conservatore: «cambiare qualcosa perché nulla cambi»: rapporti sociali, modelli economici e politici, convenzioni e convinzioni. Ma, i tecnici sono al massimo esperti, non maestri. Gli uni sono impegnati a volgere l'attenzione verso ciò che c'è affinché continui a essere; i secondi guardano ciò che ancora non c'è. *Status quo* contro *motus ad quem*. I tecnici fanno parte dell'*establishment*, i maestri no o, quantomeno, cercano di difendersene. Per questo, indubbiamente, i primi sono valorizzati, protetti, coccolati, mentre i secondi non sono ben visti e, per lo più, sono ignorati e resi innocui.

In società disperatamente alla ricerca dell'autoperpetuazione, l'innovazione – *shibboleth* del nostro tempo – non significa veramente ricercare il nuovo, ma curare e infondere energia per durare sempre ancora un poco di più. Si potrebbe dire che l'innovazione è in realtà geriatria politico-economico-sociale. Come tale non vivifica, ma semplicemente ritarda e rende meno doloroso il declino. Il consenso di cui lo *status quo* ha bisogno per diffondere la sua presa inclusiva sugli individui senza incontrare ostacoli, presuppone una superficie tutta liscia su cui scorrere, mentre i maestri creano asperità. Il linguaggio e la comunicazione pubblica si livellano al basso; superano anzi, in banalità, ovvietà, volgarità, la media comune e così accarezzano, anzi, nobilitano e lusingano l'assenza di autonomia e predispongono a esistenze omologate. Spengono la curiosità, il desiderio della scoperta e il bisogno di aprire gli occhi su ciò che ancora non vediamo. La contrazione degli strumenti concettuali ed espressivi – per esempio, il lessico sempre più povero di parole e significati generali, ma sempre più ricco di neologismi di natura tecnico-esecutiva – rende progressivamente più difficile qualsiasi magistero, in quanto non lo si voglia ridurre a «istruzioni per l'uso».

I «valori» messi in circolazione dai mezzi di comunicazione di massa si propongono alla imitazione, alla riproduzione e al consumo passivi. La molla sociale che mettono in moto è un misto di ammirazione e invidia. Il loro tempo è effimero come quello della moda che, non per accidente ma per necessità, deve crearsi e distruggersi continuativamente. Anzi, i valori sono essi stessi mode e, così ridotti, risultano addomesticati e non fanno male a nessuno. I maestri e, soprattutto, le maestre del tempo delle mode sono gli e le *influencers*, sostenuti dagli esperti di *marketing* e promossi dalla comunicazione commerciale (cioè, quasi tutta la comunicazione). La competizione non è affatto esclusa, ma è una competizione per l'omologazione che tiene sulla corda. Il più bravo è quello che più si immedesima nella tendenza del momento, non quello che più se ne distingue. Il successo consiste nell'eccellere in idiozie. La riflessione, che è l'ingrediente di ogni magistero, è erosa da uno stile di vita in cui il silenzio, propedeutico a ogni atteggiamento riflessivo, è proscritto. La costruzione di rapporti profondi e duraturi sembra sempre più difficile. Per i più, i maestri sono sostituiti dagli idoli e questi idoli devono essere banali. Secondo l'espressione di George Steiner, «devono esibire una testa d'argilla» per incontrare un facile e momentaneo favore.

L'eterodossia, il segno dei maestri, è un bersaglio da abbattere anche con la maldicenza, la diffamazione e la denigrazione. Non è un valore da coltivare. La democrazia dei grandi numeri ha bisogno non di maestri ma di persuasori, non di guide dello spirito ma di *tutors* per il successo, non di inquietudini ma di torpore, non di dubbi che aprono gli occhi sul presente e sul futuro ma di pregiudizi che li chiudono. C'è una contraddizione, ma solo apparente: in questa società, i maestri prosperano, ma sono maestri della futilità e del dogma, dell'irrazionale, della negazione della realtà, delle sette esoteriche. Questi prosperano come non mai. Il malessere del tempo dell'assuefazione, quando si è incapaci di alzare lo sguardo su sé stessi in vista di una qualche auto-riflessione, ha pur bisogno di essere lenito con qualche dose di tranquillante, ha pur bisogno d'avere qualche via di fuga. La religione stessa, che di per sé potrebbe svolgere un ruolo potente nel risvegliare domande di senso ed energie creatrici, sembra ridursi a routine, a sedativo delle inquietudini e delle paure che le mode di per sé non riescono a occultare, a onta dei tentativi della teologia di portare la religione nei confini della ragione. I maestri di cui il nostro tempo sembra avere bisogno sono quelli che rassicurano e consolano, non quelli che risvegliano le coscienze.

Democrazia senza valore

Questo tipo di società non ha dunque bisogno di maestri. Sono pateticamente inutili. Vero. Ma noi abbiamo bisogno di *questa società*?

I mezzi attraverso cui si trasmettono conoscenze e si formano coscienze si chiamano maestra-televisione, maestra-pubblicità, maestra-comunicazione, maestra-moda ecc. Queste sì sono maestre ugualitarie, stanno sul nostro stesso piano, usano il nostro stesso linguaggio, si prestano a essere comprese da tutti senza sforzi, sono adatte alla società dei grandi numeri, sono perciò pienamente democratiche. Che c'è di meglio? L'idea del maestro, invece, porta in sé un germe aristocratico. Il discepolo deve riconoscere l'autorità. In certo modo, ne è condizionato, ne subisce la preminenza. Gli studenti che caccia(va)no dalla cattedra i professori e pretendevano di prenderne il posto esprimevano, nei fatti, lo stesso concetto. Volevano una sorta di scalata al cielo senza guide e senza gradini. Non rimpiangiamo dunque la scomparsa di questo relitto d'altri tempi, il maestro. Del resto, che cosa c'è da fare, di fronte alla verità che si impone in forza della dura realtà, di fronte alla verità del fatto compiuto? Se le società ugualitarie dei grandi numeri sono queste e se ciò che è non può non essere, non c'è niente da fare e dobbiamo adeguarci e accontentarci, dichiarando chiusa l'epoca dei maestri. Parlarne ancora è tutt'al più nostalgia o rimpianto.

E invece no. Le cose non stanno affatto così. Non si tratta di aristocrazia contro democrazia, ma di due concezioni della democrazia, l'una in opposizione all'altra. L'una, la potremmo definire democrazia critica; l'altra, acritica. La democrazia critica pone sé stessa sempre necessariamente in discussione, non è mai paga e tronfia, sa riconoscere i suoi limiti e sa correggere i suoi errori. È un sistema di governo capace di autocorrezione, in vista di un bene o di una verità non assoluti ma relativi al momento e alle condizioni date e alle capacità di padroneggiarle. Il suo senso nasce da questa tensione, tra ciò che si è e ciò che, in meglio, si potrebbe essere; il suo *ethos*, la molla che lo mette in movimento, è l'esigenza di colmare questa distanza.

La democrazia critica non assume, come sua massima, il detto *vox populi, vox dei*. Considera cedimento a un'inaccettabile ideologia democraticista anche l'espressione, spesso ripetuta con leggerezza, secondo cui la maggioranza ha sempre ragione, e ciò non perché la maggioranza abbia presumibilmente torto, come ritiene ogni pensiero antidemocratico ed elitario che divide la società in migliori (i pochi) e peggiori (i tanti), ma perché, semplicemente, nella democrazia critica è bandito il concetto stesso di ragione, contrapposto a torto. La maggioranza non ha né ragione né torto; ha invece diritto di decidere perché si ritiene che le decisioni che riguardano tutti debbano assumersi, se non da tutti, almeno dal maggior numero. È una questione di distribuzione e assunzione di responsabilità, non di ragione o di torto.

Questo modo di concepire la democrazia comporta la capacità di estraniarci da noi stessi, di uscire dalla nostra pelle per poterci osservare per quello che siamo e confrontarci con quello che non siamo e vorremmo essere. Essere al tempo stesso soggetto e oggetto, cioè coscienza di noi stessi, è forse ciò che di più difficile possiamo immaginare, nella vita individuale e, a maggior ragione, in quella collettiva. Quando si dice «la lezione dei maestri», si dice innanzitutto apprendimento della capacità di metterci in discussione, cioè di mettere una distanza tra noi, come soggetti, e noi, come oggetti. I maestri nella democrazia critica non sono un lusso; sono una necessità vitale.

Tutto il contrario, nella democrazia acritica. Se la maggioranza presume di avere sempre ragione, se la sua volontà è infallibile come quella divina, la voce ammonitrice del maestro è semplicemente un inutile fastidio, come quella del grillo parlante che Pinocchio, che non vuol sentir parola, schiaccia con un colpo di martello. Non c'è bisogno di maestri in questa democrazia, ma di demagoghi, ideologi, comunicatori, propagandisti e pubblicitari, cioè di quei falsi maestri di cui s'è detto testé. I falsi maestri sono quelli che diffondono indiscutibili certezze, curano l'inquietudine del dubbio condannando il dissenso come errore, perseguitano le minoranze in nome di una democrazia che si risolve nel diritto assoluto del maggior numero di fare quello che vuole. Oppure, sono quelli che diffondono semplicemente pensieri solo distruttivi, ai quali facile è aderire.

C'è in ciò che si è or ora detto una vena di elitismo? Si finisce per confluire nel pensiero antidemocratico che sta prendendo piede nel nostro tempo e si basa sulla bassa qualità delle istituzioni della democrazia e degli uomini che ne hanno preso possesso? Fino a qualche tempo fa, la critica alla democrazia era confinata nelle piccole cerchie politiche dei fanatici dell'estrema destra e dell'estrema sinistra. Oggi sta diventando sentire diffuso, se non forse, per ora ancora, maggioritario. Una letteratura accademica e un giornalismo dell'ovvio battono e ribattono sul tema dell'ignoranza degli elettori e sulla selezione al rovescio degli eletti. «La democrazia non esiste», «Dopo la democrazia», «Postdemocrazia», «Democratura», «Democrazia illiberale», «Popolo contro democrazia», «Epistocrazia» (o governo dei competenti, di coloro che «sanno»), sono espressioni che sintetizzano correnti di pensiero antidemocratico o scettico che si stanno coagulando nel comune discredito della democrazia, delle sue aspirazioni, dei suoi meccanismi e dei suoi postulati, a incominciare dal diritto di voto riconosciuto a tutti, anche agli analfabeti, fino all'invocazione dell'eletto, dell'uomo forte variamente mascherato per non farlo apparire una smaccata riproposizione di cose già conosciute. Sembrano chissà quali novità e invece sono argomenti di discussione plurimillenaria. Chi ha anche solo un poco di conoscenza del dibattito che, in tutta Europa, tra le due guerre mondiali, portò all'oscuramento nelle coscienze del valore della democrazia e alla sconfitta a opera di regimi autoritari e totalitari, non ha difficoltà a riconoscere le analogie degli argomenti utilizzati. Non li si può liquidare, tuttavia, dicendo semplicemente che sono antidemocratici: non si può, poiché essi sono per l'appunto indirizzati coscientemente contro la democrazia. La valenza antidemocratica poteva essere un'accusa efficace un tempo, quando si credeva alla democrazia; oggi è sempre più spuntata. Le critiche alla democrazia, più che accuse sembrano evidenze.

Esiste una qualche garanzia che le deliberazioni democratiche siano per definizione le migliori? Nessuno ci crede più: le democrazie, nella coscienza dei molti, hanno fallito o stanno fallendo rispetto alle loro stesse promesse, le «promesse non mantenute» di cui ha parlato Norberto Bobbio in un saggio famoso[1]. La democrazia è un regime senza qualità, hanno detto già Platone nell'VIII libro della *Repubblica* o Aristofane, per esempio, in *I cavalieri* o in *Ecclesiazouse*. Vecchia storia che i nuovi profeti dell'antidemocrazia credono di scoprire ora, meglio se scrivono in americano. Ma, forse che i regimi che affidano le sorti comuni a pochi «competenti» o a un solitario uomo del destino hanno dato prove migliori? Chi ha provocato più disastri? I tanti, i pochi o l'uno solitario? Bella gara.

Il banchetto dei più

In effetti, molti sanno sempre decidere meglio dell'uno o dei pochi? Domanda probabilmente impropria, in quanto nessuna forma di governo può fornire garanzie circa la qualità delle decisioni. La differenza tra di esse riguarda il *chi* e il *come*, non il *che cosa*. Ma, gente gretta, egoista, incompetente si trova dappertutto.

Tuttavia, in un passo della *Politica* di Aristotele (1281 b) che sembra precorrere la sofisticata «democrazia deliberativa» di Jürgen Habermas e che meriterebbe un esame analitico, leggiamo:

Che i più debbano essere sovrani nello stato, a preferenza dei migliori, che sono pochi, sembra che si possa sostenere. Ci sono sì delle difficoltà, ma forse c'è anche la verità. Può darsi, in effetti, che i molti, pur se singolarmente non eccellenti, qualora si raccolgano insieme siano superiori a ciascuno di loro, in quanto essi siano presi non singolarmente, ma nella loro totalità, come lo sono i banchetti allestiti in comune rispetto a quelli allestiti a spese di uno solo. In realtà, essendo in molti, ciascuno ha una parte di virtù e di saggezza e, quando si raccolgono e si uniscono insieme, diventano un uomo con molti piedi, con molte mani, con molti sensi, così diventano un uomo con molte eccellenti doti di carattere e d'intelligenza.

Dunque, inferiori presi uno per uno, diventano superiori agli uomini migliori, quando è consentito di contribuire all'opera comune, dando il meglio che c'è in loro. Più numeroso il contributo, migliore il risultato, eccellenti le portate.

Naturalmente, quest'immagine del pranzo allestito da un «cuoco in grande» non supera un'ovvia obiezione: nulla esclude che ciò che si mette in comune sia non il meglio di sé, ma il peggio, con la conseguenza che le pietanze propinate siano indigeste. Ma questa è un'obiezione, per così dire, esterna. Dal punto di vista interno, il punto di vista dei partecipanti al banchetto, è chiaro che nessuno di loro ammetterebbe mai che il proprio contributo all'opera comune sia rivolta al peggio, non al meglio. Ognuno riterrebbe di contribuire positivamente alla cucina collettiva, anche quando, per esempio, usasse ingredienti scadenti o andati a male. Così, in democrazia i partecipanti difficilmente ammetterebbero che ciò ch'essi immettono nella vita collettiva: interessi particolari, incompetenza, ignoranza, arroganza e servilismo, corruzione, affarismo, assenza di visione circa le prospettive del proprio agire ecc., siano contaminazioni della democrazia. Negherebbero perfino l'evidenza o direbbero senz'altro che questa è, è sempre stata e sempre sarà la politica, di cui la democrazia è soltanto una delle forme particolari.

Riscoprire maestri

Si è visto: i maestri non esistono se non ci sono discepoli. Non sono i maestri a creare i discepoli, ma i discepoli a scovare i maestri. A intervalli più o meno regolari lamentiamo l'assenza, la distanza, l'autoreferenzialità di quelli che potrebbero svolgere un magistero civile. Oggi se ne discute *sub specie* di «intellettuali» e di loro irrilevanza (come si è fatto anche qui, all'inizio di questo libro).

In verità, come in tutte le generalizzazioni, anche in questa c'è molta approssimazione.

Non è affatto vero che non si avverta il bisogno di persone che sanno parlare al pubblico, suscitare pensieri e riflessioni che aiutino a guardare in su, secondo l'etimologia del magistero. Basta vedere quanto sono affollate, sempre di più, addirittura le piazze, non i cenacoli, le accademie, i seminari. Vien da pensare all'*agorà* socratica. Si tratta, però, di gocce nell'oceano. Solo quando tra noi, i potenziali discepoli, incominciamo a porci domande inevase di senso ed esigenze di *ethos*, allora possono comparire i maestri. Ma, i potenziali maestri che «si propongono» quando nessuno ne sente il bisogno, sono solo patetiche figure che si espongono al dileggio. Vano è il lamentarsi degli intellettuali che non si sentono ascoltati e vana è la deplorazione che viene da chi li invita a mescolarsi col mondo, se «il mondo» non ne ha bisogno e si compiace di sentir dire da ignoranti demagoghi ciò che viene incontro al senso comune, lo eleva a verità e conforta le (in)coscienze che domandano di non essere disturbate.

Vedere nuove le cose

Riprendiamo dall'inizio, dall'immagine della montagna. A chi fatica salendo non soltanto s'allarga l'orizzonte. Soprattutto è sorpreso dal vedere in modo nuovo le cose vecchie. Sono sempre le stesse, ma cambia la vista, cambiano gli occhi: occhi nuovi, direbbe qualche anima inquieta, di quelle che talora s'incontrano nella vita.

Consideriamo che, quaggiù tra di noi, vediamo in modo confuso, *per speculum et in aenigmata* come scrive Paolo di Tarso (1 Cor 13, 12). E consideriamo anche che noi stessi non saremmo nulla se fossimo immersi in un nulla: noi siamo il riflesso soggettivo di ciò che ci sta intorno, onde se intorno non c'è niente neppure noi saremo qualcosa; e consideriamo anche che, se male e poco vediamo, poca e mala cosa siamo pure noi stessi. C'è un nesso di reciprocità percettiva tra il dentro e il fuori: mettiamo a fuoco noi stessi conoscendo ciò che sta fuori di noi e, allo stesso tempo, mettiamo a fuoco ciò che sta fuori conoscendo ciò che sta dentro di noi. Il passo ora citato aggiunge (13, 8-12): «Quando verrà ciò che è perfetto, quello che è imperfetto scomparirà», cosicché anche «la conoscenza svanirà» (*gnosis katarghethèsetai*) perché non ce ne sarà più bisogno. Se mai il momento della perfezione verrà, nell'intervallo tra ora e allora, il compito resta la conoscenza del rapporto tra l'interiore e l'esteriore, attraverso la purificazione del nesso tra l'uno e l'altro.

Un libro recente, dedicato alle responsabilità della politica nell'ora che viviamo, porta come titolo un verso del *Deserted Village* di

Oliver Goldsmith: *Guasto è il mondo*[2]. Che sia guasto ormai lo ammettono tutti coloro che hanno occhi per vedere e coscienza per indignarsi delle opere dell'orribile follia della stirpe degli uomini. Ma non basta indignarsi, se ciò significa contrapporre uno sguardo puro su una realtà malata e, da questo atteggiamento, trarre l'assoluzione di chi guarda e la condanna di ciò che è guardato. Se la malattia non è assunta anche come nostra, non conosceremo noi stessi e, non conoscendo noi stessi, non conosceremo davvero ciò che presumiamo di giudicare negli altri. Insomma, il guasto di fuori è anche in ciascuno di noi. Allo stesso modo, se c'è qualcosa di sano in noi contribuisce alla salvezza di ciò che è fuori di noi. La conoscenza è discernimento tra il guasto e il sano.

L'Occidente al quale per cultura apparteniamo è figlio della distinzione cartesiana tra ciò che esiste nella materia della bassura del mondo, e ciò che esiste nell'altura dell'intelletto; distinzione a partire dalla quale «gli intellettuali» che peccano di superbia hanno preteso di subordinare la prima alla seconda.

Nell'atto di contrizione con cui sono iniziate queste riflessioni, ci si è posti la domanda se in questo rapporto può esistere una precedenza. Bene. Ora possiamo forse dire che ciò di cui la conoscenza ha bisogno è il pensar concreto o la concretezza pensata. Così il pensiero non si perderà nelle nuvole e la realtà verrà presa sul serio come condizione dell'intelletto fecondo. Insomma, l'«essere» non può essere disprezzato da un pensiero che pensa solo sé stesso, così come il «dover essere» non può essere celebrato come l'unico oggetto degno di speculazione. Allo stesso modo, non possiamo guardare solo fuori di noi, senza guardare contemporaneamente dentro di noi, così come non possiamo guardare solo dentro di noi, senza guardare fuori di noi. Faust si chiede che cosa viene prima: il pensato o l'agito. Forse, potremmo dire così: se non c'è azione non c'è pensiero, e se non c'è pensiero non c'è agire. Se il mondo dell'umano non fosse un impasto da prendere sul serio, conoscerebbe solo vani fantasmi che non meritano d'essere qualificati come pensieri, o ciechi comportamenti che non meritano d'essere qualificati come azioni.

Il magistero, abbiamo detto, tende verso l'alto. Ma, se non si propone di guardare anche da giù in su, e non solo da su in giù, è vacuo. Il maestro è in mezzo e se pretende d'essere giudice senza essere giudicato, cioè di non essere lui stesso parte del problema, non è sincero. Il suo compito è di gettare sguardi sempre nuovi in entrambe le direzioni: su e giù, dentro e fuori di sé.

Guardare: solo Dio, a tempo debito, *farà* nuove tutte le cose (Ap 21, 5). Noi possiamo almeno sperare di vederle nuove, sempre di nuovo. Socrate forse direbbe che c'è in ciò un piccolo riflesso di un qualcosa di divino, nel senso del dio, del *daimon*, ch'egli sentiva agire in lui.

Mah! Chissà…

Note

[1] N. Bobbio, *Il futuro della democrazia* (1984), in *Etica e politica. Scritti di impegno civile*, cit., pp. 1080 ss. e, specificamente, p. 1085.

[2] T. Judt, *Guasto è il mondo*, Roma-Bari, Laterza, 2011.

Finito di stampare nel mese di maggio 2019
presso la Tipografia Casma, Bologna

Stampato su carta Arcoprint Milk di Fedrigoni S.p.A.,
prodotta nel pieno rispetto del patrimonio boschivo

Intersezioni

ultimi volumi pubblicati:

469. Franco Cardini, *Samarcanda. Un sogno color turchese*
470. Simon Critchley, *Bowie*
471. Alessandro Vanoli, *L'ignoto davanti a noi. Sognare terre lontane*
472. Laura Catastini, *Noi e la matematica. Un divertimento a ostacoli*
473. Angela Vettese, *Venezia vive. Dal presente al futuro e viceversa*
474. Pietro Trifone, *Pocoinchiostro. Storia dell'italiano comune*
475. Claudio Cuccia, *Le parole del cuore. Glossario semiserio su un organo quasi perfetto*
476. Gabriele Lolli, *Ambiguità. Un viaggio fra letteratura e matematica*
477. Fabio Isman, *L'Italia dell'arte venduta. Collezioni disperse, capolavori fuggiti*
478. Grazia Attili, *Il cervello in amore. Le donne e gli uomini ai tempi delle neuroscienze*
479. Attilio Brilli, *Quando viaggiare era un'arte*
480. Attilio Brilli, *In viaggio con Leopardi*
481. Maria Serena Mazzi, *Donne in fuga. Vite ribelli nel Medioevo*
482. Anna Vanzan, *Diario persiano. Viaggio sentimentale in Iran*
483. Giorgio Manzi, *Ultime notizie sull'evoluzione umana*
484. Marco Pivato e Stefano Pivato, *I comunisti sulla Luna. L'ultimo mito della Rivoluzione russa*
485. Claudio Giunta, *E se non fosse la buona battaglia? Sul futuro dell'istruzione umanistica*
486. Remo Bodei, *Le forme del bello*
487. Emanuele Felice, *Storia economica della felicità*
488. Piero Boitani, *Dieci lezioni sui classici*
489. Franco Cardini e Alessandro Vanoli, *La via della seta. Una storia millenaria tra Oriente e Occidente*
490. Giovanni Brizzi, *Ribelli contro Roma. Gli schiavi, Spartaco, l'altra Italia*
491. Franco Brevini, *Simboli della montagna*
492. Guido Barbujani e Andrea Brunelli, *Il giro del mondo in sei milioni di anni*
493. Gabriele Lolli, *Matematica come narrazione*

494. Gabriella Turnaturi, *Non resta che l'amore. Paesaggi sentimentali italiani*
495. Jan Assmann, *Verso l'unico dio. Da Ekhnaton a Mosè*
496. Roberto Escobar, *Il buono del mondo. Le ragioni della solidarietà*
497. Giovanni Destro Bisol e Marco Capocasa, *Intervista impossibile al DNA. Storia di scienza e umanità*
498. Claudio Ferlan, *Sbornie sacre, sbornie profane. L'ubriachezza dal Vecchio al Nuovo Mondo*
499. Enzo Bianchi, *La vita e i giorni. Sulla vecchiaia*
500. Vittorio Coletti, *L'italiano scomparso. Grammatica della lingua che non c'è più*
501. Attilio Brilli, *Gli ultimi viaggiatori. Nell'Italia del Novecento*
502. Stefano Massini, *55 giorni. L'Italia senza Moro*
503. Elizabeth Leake, *Tex Willer. Un cowboy nell'Italia del dopoguerra*
504. Laura Catastini e Franco Ghione, *Geometrie senza limiti. I mondi non euclidei*
505. Emanuele Coccia, *La vita delle piante. Metafisica della mescolanza*
506. Marta Boneschi, *Il comune senso del pudore*
507. Umberto Bottazzini, *Infinito*
508. Vittorio Emiliani, *Roma capitale malamata*
509. Maria Serena Mazzi, *La mala vita. Donne pubbliche nel Medioevo*
510. Luca Amendola, *L'altra faccia dell'universo. I segreti della materia e dell'energia oscura*
511. Paolo Legrenzi e Carlo Umiltà, *Molti inconsci per un cervello. Perché crediamo di sapere quello che non sappiamo*
512. Paolo Macry, *Napoli. Nostalgia di domani*
513. Alessandro Vanoli, *Inverno. Il racconto dell'attesa*
514. Franco Cardini, *Andalusia. Viaggio nella terra della luce*
515. Gianfranco Pacchioni, *L'ultimo Sapiens. Viaggio al termine della nostra specie*
516. Giuseppe Cambiano, *Sette ragioni per amare la filosofia*
517. Ettore Perozzi, *La luna nuova. Tra mito e scienza dalle eclissi alle basi lunari*
518. Marco Andreatta, *La forma delle cose. L'alfabeto della geometria*
519. Beda Romano, *Bruxelles. Terra di frontiera tra mondo latino e tedesco*
520. Stefano Zamagni, *Responsabili. Come civilizzare il mercato*
521. Anna Berti e Francesca Garbarini, *L'uomo con tre mani. Storie di corpi e identità*
522. Roberto Cingolani, *L'altra specie. Otto domande su noi e loro*
523. Gustavo Zagrebelsky, *Mai più senza maestri*
524. Simone Facchinetti, *Storie e segreti del mercato dell'arte. Opere, collezionisti, mercanti*